Thomas Schäfer
Sternenkult und Astrologie

Thomas Schäfer

Sternenkult und Astrologie

Von den frühen Kulturen
bis zum Mittelalter

Patmos

Bibliographische Information der Deutschen Bibliothek

Die Deutsche Bibliothek verzeichnet diese Publikation
in der Deutschen Nationalbibliographie;
detaillierte bibliographische Daten sind im Internet
über http://dnb.ddb.de abrufbar.

Umschlaggestaltung: butenschoendesign, Lüneburg
Umschlagmotiv: Foto: corbis
Printed in Germany
ISBN 3-491-69117-6
www.patmos.de

Inhalt

Vielleicht werden wir eines Tages entdecken, daß im mythischen und im wissenschaftlichen Denken dieselbe Logik am Werke ist und daß der Mensch allzeit gleich gut gedacht hat. Der Fortschritt – falls dieser Begriff dann überhaupt angemessen ist – hätte nicht das Bewußtsein, sondern die Welt als Aktionsraum, in der eine mit konstanten Begabungen ausgestattete Menschheit im Laufe ihrer langen Geschichte mit immer neuen Objekten ringen mußte.

Claude Lévi-Strauss

EINFÜHRUNG

Die Entwicklung von Astronomie und Naturwissenschaft verdanken wir, so unglaublich es auch klingen mag, den irrationalen und astralreligiösen Anschauungen unserer Vorfahren. Ohne Dämonen- und Kometenangst hätte sich der Mensch nie bemüht, mit der Klärung des Verhältnisses Mensch-Kosmos zu *beginnen*. Es versteht sich von selbst, daß jene Anfänge mit unserem heutigen Weltbild nicht mehr zu vereinen sind, doch nichtsdestoweniger bilden sie dessen notwendige Vorstufe.

In den meisten Darstellungen unseres Themas werden die astralreligiösen Wurzeln der Astrologie nur in einem Nebensatz erwähnt. Religionsphilosophische Arbeiten, wie vor allem jene von Mircea Eliade, haben jedoch viel Wissenswertes zur Astrologiegeschichte beizusteuern. Auch die Tiefenpsychologie C. G. Jungs kann uns helfen, die frühen Stadien der Astrologieentwicklung zu verstehen. In diesem Zusammenhang sind die Abschnitte des Buches «Himmel und Mensch» und «Mesopotamien» wichtig. Hier werden wir Zeuge, wie bestimmte Projektionsmechanismen aus Astralkulten bei der Entstehung der Astrologie Pate gestanden haben. Auch bluttriefende Praktiken gehören zu den Anfängen der Astrologie. Wie desweiteren die Kapitel über Amerika, China, Indien und Ägypten zeigen werden, ist der astralreligiöse Nährboden der Astrologie überall miteinander vergleichbar. Dies hängt vor allem mit den archetypischen Grundlagen dieser Lehre zusammen. Auch heute gilt jedenfalls noch, was die Historiker Franz Boll und Carl Bezold[1], die die Astrologie ablehnten, einmal festgestellt haben:

«Es ist mit das Bedeutsamste an der Geschichte der Astrologie, daß sie die Völkerverbindungen in einer Klarheit und Unabweisbarkeit zeigt, wie sie sonst kaum irgendwo anders bloßzulegen sind. So seltsam vieles von ihr den modernen Menschen berühren mag, so gewiß ist sie ein paar Jahrtausende lang eines der wesentlichsten Stücke im geistigen Gemeinbesitz der Menschheit gewesen, und ihre Literatur darf [...] im umfassendsten Sinne Weltliteratur heißen; vielleicht in ihr allein haben sich Ost und West, Christen, Mohammedaner und Buddhisten mühelos verstanden.»[2]

Beleuchtet werden soll in diesem Buch ferner die kulturgeschichtliche Bedeutung der Astrologie für das Abendland. Wer weiß z. B., daß es im Mittelalter einen Papst gegeben hat (Silvester II., 950–1003), der vor seiner Wahl Astrologe und «Magier» gewesen ist? Um all dies nachvollziehen zu können, muß man zunächst die herausragende Rolle der Astrologie in der Antike kennen. Selbst noch in der Renaissance erwartete man von einem Arzt vor allem eines: astrologische Kenntnisse. Ohne das vorliegende Geburtshoroskop schien der Erfolg der Behandlung zu ungewiß... Noch Ronald Reagan soll, wenn man Berichten mehrerer renommierter Tageszeitungen trauen darf, viele wichtige politische Entscheidungen vom Rat eines Astrologen abhängig gemacht haben! Statt sich solcher Vorkommnisse als Sumpfblüten zu «schämen» oder sie einfach zu verdrängen, lohnt es sich meiner Ansicht nach, das Phänomen Astrologie in seiner psychologischen und religiösen Funktion sachlich zu beschreiben. Eine historische Perspektive scheint dabei besonders erfolgversprechend zu sein.

Manchem Leser wird vielleicht auffallen, daß der quantitative Schwerpunkt dieser Arbeit nicht – wie sonst üblich – auf dem Mittelalter und der Renaissance liegt. Mit diesem Buch sollte vor allem eine Lücke im Bereich der Anfänge der Astrologie geschlossen werden; die Schilderung der Astrologie im Mittelalter und in der Renaissance wurde aus diesem Grunde etwas gestrafft.

Im letzten Kapitel des Buches schließlich stellen wir uns der Gretchenfrage nach der «Wahrheit» der Astrologie. Eine sinnvolle Antwort läßt sich meines Erachtens nur aus einer archetypischen Perspektive geben. Insbesondere die archetypische Bedeutung der Zahl vermittelt nach C. G. Jungs Ansicht zwischen dem materiellen und dem psychischen Bereich. Erkenntnisse aus der neueren Atomphysik unterstützen diese These.

Zum Schluß sei noch darauf hingewiesen, daß die umfangreichen Anmerkungen die wissenschaftlich interessierten Leser und Leserinnen auf weiterführende Literatur hinweisen. Bewußt verzichtet wurde auf detaillierte Darstellungen von Horoskoptechniken. Astrologische Deutungsmethoden wurden nur dann beschrieben, wenn sie etwas zur psychologischen und kulturgeschichtlichen Fragestellung beitragen konnten.

Heidelberg-Eppelheim im Juli 1992

I.

HIMMEL UND MENSCH

1. *Himmelsgötter*

«Vater unser, der du bist im Himmel...» Auf vergleichbare Weise beginnen unzählige Gebete überall auf der Welt. Wir finden solche Gebetswendungen sowohl bei primitiven[1] als auch bei hoch entwickelten Kulturen. Der Religionsphilosoph Mircea Eliade vermutet, daß sich das älteste Gebet eines Menschen an einen Gott im Himmel gerichtet hat.[2] «Wo der Himmel ist, da ist auch Gott», sagen die Afrikaner aus dem Stamm der Ewe.

Ohne Zweifel ist die Verbindung von Himmel und Gottesvorstellungen eine archetypische Erfahrung. Nach C. G. Jung sind Archetypen latent vorhandene Vorstellungen, die in *jedem* Menschen prinzipiell abrufbar sind. Kennzeichnend für den Archetypus ist, daß er nicht aus den Schichten des persönlichen Unbewußten, sondern aus dem kollektiven Unbewußten stammt. Vor C. G. Jung sprach Lévy-Bruhl von «représentations collectives» und die Religionswissenschaft von «Kategorien der Imagination» oder «Urgedanken». Mittlerweile jedoch hat sich Jungs Begriff in der wissenschaftlichen Diskussion weitgehend durchgesetzt. Entscheidend für das Auftauchen eines Archetypus ist nach Jung eine außergewöhnliche psychische Situation, wie z.B. ekstatische Freude, starke Angstreaktionen oder einfach Lebensunsicherheit. Wir können ohne weiteres nachvollziehen, daß schon für den steinzeitlichen Menschen das Nichtgreifbare eine unwiderstehliche Faszination ausübte. Der Himmel war das Transzendente und Heilige schlechthin. Uns Stadtmenschen hingegen ist kaum noch zu vermitteln, wie staunend und ehrfürchtig der primitive Mensch den täglichen Wechsel des Tageshimmels mit dem sternenfunkelnden Nachthimmel empfunden hat. Ohne unsere heutige Kenntnis der Naturgesetze mußte er z.B. täglich befürchten, ihm könnten Himmelskörper auf den Kopf fallen oder die Sonne könnte nicht mehr aufgehen, was die ewige Nacht zur Folge gehabt hätte. Doch nicht nur die kontrastreichen Erscheinungsformen des Himmels beeindruckten ihn, sondern auch der Gegensatz zwischen der unermeßlichen Weite über ihm und seinem eigenen, eng begrenzten Lebensraum. Die erwähnte Nichtgreifbarkeit des Himmels kam dabei jedoch nicht nur in der Weite zum Ausdruck: «unfaßbar» war besonders die Höhe des Himmels.

Die Gleichsetzung des Erhöhten mit dem Transzendenten machte den Himmel zur Wohnstatt der Götter. Wie wir später noch sehen werden, glauben und glaubten die unterschiedlichsten Kulturen, daß der Tote bzw. dessen Seele in den Himmel eingehe. Das Wort «Himmel» ist geradezu zum Synonym für einen paradiesischen Jenseitszustand geworden. Vielerorts war man davon überzeugt, die Seele lebe in oder auf einem Stern in jenen Sphären.

Allzu schnell neigen wir dazu, solche Vorstellungen als Produkt infantiler Phantasien oder irrationaler Erfahrungen abzutun. Wie jedoch Eliade betont, ist gerade dies falsch: «Obwohl die religiöse Bedeutung des Himmels nicht auf logische Weise, nicht durch objektive, unbeteiligte Beobachtung des Himmelsgewölbes zustande kommt, ist sie doch nicht ausschließlich das Produkt mythischer Spekulationen [...] Schon vor jeder religiösen Wertung offenbart der Himmel seine Transzendenz, die Macht, die Unveränderlichkeit schon durch sein bloßes Sein. Er *ist*, indem er *hoch, unendlich, unveränderlich* und *machtvoll* ist.»[3]

Belegen läßt sich die Gleichung hoch = sakral durch die Etymologie vieler Götternamen. Der oberste Gott der Maori heißt z. B. «Iho». Gleichzeitig bedeutet «iho» jedoch auch «in der Höhe befindlich».[4] Aus anderen Erdteilen lassen sich problemlos noch weitere Beispiele aufzählen.

Heilig war für den Menschen nicht nur der Himmel als Ganzes, sondern auch alle dort beobachtbaren Phänomene: Sonne, Mond, Sterne, Planeten, Blitz, Donner, Wolken und Regen.

In den hier geschilderten astralreligiösen Zusammenhängen kann man ohne Zweifel eine *Vorstufe* zu astrologischem Denken erkennen. Wenn der Mensch den Göttern nahe sein wollte, *mußte* er sich intensiv mit der Himmelsbeobachtung beschäftigen. Alle Veränderungen am Himmel wurden sogleich als Omen gedeutet, das ernst zu nehmen war. Versteht man unter Astrologie zunächst einmal die Herstellung von

Beziehungen zwischen Himmel und Mensch bzw. menschlichem Alltagsleben, so ist die Astrologie so alt wie die Menschheit. Die urspünglichen Wurzeln der Astrologie sind demnach religiöser Art, auch wenn die Astrologie als System erst viel später ausgebildet wurde. Die heutige Form der Astrologie entstand ja erst relativ spät in der hellenistischen Phase Griechenlands, nachdem einfache Deutungskonzepte zuvor aus Babylon übernommen worden waren, – wobei die Rolle Ägyptens bei diesem Prozeß wissenschaftlich noch nicht ganz geklärt ist.

Gemeinsam ist den meisten ursprünglichen Himmelsgöttern die Verknüpfung mit Sternen, Meteoren und insbesondere mit Blitz und Donner. Letzteres gilt z. B. für den indischen Dyaus, den römischen Jupiter und den griechischen Zeus, die sich alle aus himmlischen Urgöttern entwickelt haben.

Als Beispiel für einen solchen ursprünglichen Himmelsgott sei das höchste Wesen einiger Stämme auf den Andamanen, Puluga, erwähnt. Puluga wohnt im Himmel. Der Wind ist sein Atem und der Donner seine Stimme. Wenn Puluga wütend ist, gibt es Sturm. Mit Blitz und Donner straft er jene, welche die Gebote verletzen. Puluga ist ein allwissender und allsehender Gott. Seine Gefährtin hat er sich selber erschaffen; ebenso ist der erste Mensch seine Schöpfung. In unmittelbarer Nähe zu seiner himmlischen Residenz befinden sich Sonne und Mond.

Ähnliche Züge weist der Gott Ngai eines Massai-Stammes auf: Er ist allwissend, wohnt im Himmel und einige Sterne stellen seine Söhne dar. Andere Sterne sind seine Augen. Wenn sich Ngai das Leben auf der Erde näher anschauen will, so erkennt man seine Augen am Himmel als Sternschnuppen.[5] Im Alltag wandte sich der Mensch immer dann an diesen Himmelsgott, wenn er sich von dessen «Wohnstatt» bedroht sah: sintflutartige Regenfälle, Finsternisse, Kometen u. a.

Im Laufe der Zeit verschmolz der oberste Himmelsgott vielerorts mit einem Sonnengott, so z. B. auf Celebes (Indonesien), oder mit einem Mondgott/einer Mondgöttin, wie bei den Eingeborenen der Neuen Hebriden. Relativ häufig anzutreffen ist auch das Motiv des Urpaares. Meist wird es durch Himmel (männlich) und Erde (weiblich) aber auch in späteren Zeiten durch Sonne und Mond dargestellt.

In den *Veden* heißt es von Sonne und Mond: «Nach Osten und nach Westen kommen mit ihrem Zauber die beiden jungen Spielenden zum Opfer; alle Welten beschaut der eine, die Zeiten bestimmend wird der andere wiedergeboren.»[6] Hochzeiten feierte man in der Antike oft beim Zusammenstand von Sonne und Mond; die Astrologen sprechen hier von «Sonne-Mond-Konjunktion». Bevorzugt war insbesondere der mittwinterliche Neumond. Der mit ihm beginnende Monat hieß deshalb auf Griechisch «Gamelion» (Heiratsmonat). Die Heilige Hochzeit des Götterpaares galt als Muster der guten Ehe.[7] Das Verschwinden des Mondes für drei Tage war desweiteren ein Vorbild für den in vielen Kulturen anzutreffenden rituellen «Raub der Braut». – Wie diese Beispiele verdeutlichen, gaben kosmische Strukturen eine Vorlage für menschliches Verhalten.

Der dem sagenhaften Wesen Hermes Trismegistos zugesprochene Lehrsatz «wie oben, so unten» ist die Voraussetzung für alle astralreligiösen und astrologischen Zuschreibungen. Beispielsweise ist die Institution des alleinherrschenden Monarchen nur ein Abbild der kosmischen Verhältnisse. So trägt das Siegel des Dschingis Khan die Inschrift: «Ein Gott im Himmel und der Khan auf Erden». Die im Abendland übliche Formel «Kaiser von Gottes Gnaden» gehört ebenfalls in diesen Zusammenhang. Wie eng die Verflechtung vielerorts zwischen dem obersten weltlichen Herrscher und Gott war, lehrt ein Blick nach China. Der Kaiser mußte nicht nur die Ordnung unter den Menschen garantieren, sondern auch die Fruchtbarkeit der Felder. Bei Naturkatastrophen wurde er *direkt* verantwortlich gemacht. In solchen kritischen Situationen mußte sich der Herrscher Reinigungszeremonien unterwerfen. Während einer großen Trockenheit klagte der Kaiser einmal: «Welchen Verbrechens klagt man mich an, daß der Himmel Tod und Pein losgelassen hat? ... Die Verwüstung richtet das Land zugrunde, mich allein soll sie treffen.»[8]

Da der Herrscher der *einzige* Repräsentant des Himmelsgottes auf Erden ist, kann nur durch seine Vermittlung der Ausgleich mit dem Kosmos hergestellt werden. Als äußeres Zeichen für diese *Erhöhung* wurden früher sowohl in Asien als auch anderswo die Könige und Kaiser in Thronsesseln getragen: Sie waren dem Himmel näher und durften sich vom Irdischen nicht «beschmutzen» lassen. Je primitiver die jeweilige Kultur war, desto eher begegnen wir auch rituellen Königsmorden, um den Himmelsgott wieder zu versöhnen.

Auf der Erde ist man dem Himmelsgott am nächsten, wenn man sich in die Nähe von Bergen oder auf erhöhte Orte begibt. Besonders sehr hohe Berge verkörpern den Nimbus des Unerreichbaren. Berge wie der tibetische «Kailash» oder der mythische Berg «Meru» der Inder stellen Berührungspunkte zwischen Himmel und Erde dar: sie werden symbolisch zum Mittelpunkt der Welt.

In vielen Religionen muß die Seele nach dem Tod einen Berg, einen Baum oder eine Treppe ersteigen, um in die himmlische Region gelangen zu können. Im Assyrischen ist der gewöhnliche Ausdruck für «sterben»: «sich an den Berg hängen». Auch in Initiationszeremonien, in denen es fast immer um den symbolischen Tod des Prüflings geht, finden wir die obige Bildersprache wieder. In der Mithrasinitiation treffen wir Stufenfolgen an, die mit Metallen und den ihnen astrologisch zugeordneten Planeten verknüpft sind: Nach Celsus war die erste Stufe aus Blei und repräsentierte den Saturnhimmel, die zweite aus Zinn (Venus), die dritte aus Bronze (Jupiter), die vierte aus Eisen (Merkur), die fünfte aus Münzlegierung (Mars), die sechste aus Silber (Mond) und die siebte aus Gold (Sonne). Die achte Stufe stellte den Fixsternhimmel dar.[9]

Wie so viele astrologische Zuordnungsmodelle ist auch dieses nur begrenzt gültig gewesen. Durchgesetzt hat sich am Ende folgendes Schema von Planeten und Metallen: Saturn (Blei), Jupiter (Zinn), Mars (Eisen), Venus (Kupfer), Merkur (Quecksilber), Mond (Silber) und Sonne (Gold).[10] Astrologische Zuordnungsreihen wurden aber auch für Steine, Pflanzen, Tiere usw. getroffen. Häufig widersprachen sich die Systeme sehr stark. Im Extremfall hatte jeder antike Astrologe sein eigenes System. Auch in der heutigen Populärastrologie ist dies nicht anders.[11] Allerdings soll dies nicht heißen, daß es keine kulturell übergreifenden astrologischen und symbolischen Zuordnungen gegeben hätte. Insbesondere wird noch zu zeigen sein, wie Sonne und Mond bei den verschiedensten Völkern jeweils ähnliche Bedeutungen erhielten.

Die hier kurz umrissene astrologische Klassifikation von Pflanzen,

Metallen und Mineralien ist im übrigen die Keimzelle der später im Mittelalter so wichtigen «Iatromathematik», jener Astromedizin, die jeder Arzt beherrschen mußte.

In vielen Regionen hat die Verflechtung von religiösen Vorstellungen mit Planeten und Sternen zu strengen Ritualen geführt. Man war davon überzeugt, daß man seine Wünsche den himmlischen Göttern auf indirekte Weise kundtun und sie sich dadurch gewogen stimmen könne. So war in Mexiko der Venus, dem Morgenstern, der Mais zugeordnet; in Maisopferzeremonien versuchten die Menschen die Grundlagen für eine gute Ernte zu schaffen.

Astralreligiöse Kulte konnten jedoch auch dramatischere Formen annehmen. Die Sioux-Indianer brachten der Venus im Frühling Menschenopfer dar, um – ähnlich wie im obigen Beispiel – eine ertragreiche Ernte zu sichern. Meist wurden dem Opfer bei lebendigem Leibe Fleischstücke herausgeschnitten, bis es schließlich am Marterpfahl starb. Aus den Fleischteilen preßte man das frische Blut heraus und träufelte es auf die junge Saat.

Auch in einem Mythos der Pawnee-Indianer fordert der Morgenstern, daß man ihm von Zeit zu Zeit für seine Hilfe ein Mädchen opfern müsse, das man von den Feinden gefangen habe. Das gefangene Mädchen symbolisiert dabei die Tochter des der Vegetation und dem Menschen feindlichen Abendsterns; damit glaubte man, die schädliche Wirkung dieses Planeten beseitigt und so die Unterstützung des gütigen Morgensterns gewonnen zu haben. (Die Identität des Morgen- und Abendstern mit der Venus wurde vielen Völkern erst relativ spät bewußt.)

Selbst in der antiken Astralreligion waren Menschenopfer bekannt. Plutarch überliefert uns, daß dem Fixstern Sirius wesensgleiche typhonische Menschen dargebracht wurden. Kaiser Nero schließlich wurde vom Astrologen Balbillus aufgefordert, ihm schädliche Kometenwirkungen durch Menschenopfer abzuwehren. Nero kam dieser Aufforderung mehrfach nach.[12]

Auch in der Antike wurden einzelne Planetengötter mit Ernte und Klima in Zusammenhang gebracht. Saturn z. B. war der Regengott, Jupiter der Blitz- und Donnergott und Mars der Feuergott. Klimatische

Zuordnungen verband man jedoch nicht nur mit den Planeten, sondern auch mit den Fixsternen. – In der heutigen Form von Astrologie werden die Fixsterne jedoch kaum noch in der Deutung berücksichtigt.

Entsprechend ihrer optischen Erscheinung wie z. B. Farbe und Helligkeit klassifizierten damals die Astrologen Planeten und Sterne als schädigend oder segenbringend. Das System der kombinierten Wirkung war jedoch als recht fließend zu betrachten. Kam z. B. ein «guter» Planet in die Nähe eines neutralen Fixsterns oder Sternbildes, so verstärkte sich die Wirkung von letzteren in eine förderliche Richtung.[13]

2. *Sonne*

Sonne und Mond spielen in der Astrologie eine herausragende Rolle, weswegen wir uns mit ihrer urbildhaften Bedeutung beschäftigen müssen. Wie schon erwähnt, verschmolz der oberste Himmelsgott in vielen Kulturen mit dem Sonne- oder Mondgott. Für den Stamm der Buschmänner z. B. ist die Sonne das «Auge» des höchsten Gottes. Bei Platon ist die Sonne das Gute, wie es sich im Sichtbaren manifestiert[14]. Die Sonne wird somit zum Stellvertreter des kosmischen Prinzips.[15]

«Bei den meisten Primitiven ist die Sonne der Prototyp des Toten, der jeden Morgen wieder lebendig wird.»[16] In archaischen Initiationszeremonien muß der Neophyt ähnliches durchleben wie die Sonne: Tod und Neugeburt. Im Gegensatz zur dreitägigen Verdunklung des Mondes jedoch wird der tägliche Sonnenuntergang nicht als eigentlicher Tod des Gestirns aufgefaßt, sondern nur als kurzfristiges Hinabtauchen in das Reich der Toten. Diese Totenwelt wird ohne Beeinträchtigungen durchschritten. Salopp formuliert: die Sonne wird abends zum «Scheintoten».

Der Westen als Himmelsrichtung des Sonnenuntergangs ist in Mythen und Märchen der Ort des Abschieds. Der Osten als Aufgangspunkt hingegen steht bei fast allen Kulturen für Licht, Wärme und Neubeginn. Der Süden repräsentiert das Maximum, weil die Sonne am Mittag hier kulminiert und damit ihren Höhepunkt erreicht. Im Norden ist die Sonne nie zu sehen; nachts jedoch stehen hier jene Sterne, die nie untergehen. Der Norden als Himmelsrichtung besitzt auf diese Weise eine Doppelsymbolik: einerseits verkörpert er die lebensfeindlichen Dinge, andererseits repräsentiert er eine «ewige Ruhe».

Die vier Himmelsrichtungen sollten nicht nur später im Geburtshoroskop die oben skizzierte Bedeutung im Kern beibehalten, sondern sie wurden auch im täglichen Leben und besonders im religiösen Leben beachtet. In Ägypten wurden nicht nur die Pyramiden exakt nach den vier Himmelsrichtungen ausgerichtet (Abweichung nur 3') – auch im allgemeinen Totenkult hatten sie eine wichtige Funktion.

Da in Ägypten die Staatsreligion aus der Sonnenreligion hervorging, können wir nachvollziehen, warum die Toten meist mit dem Gesicht nach Osten gebettet wurden. Selbst die christlichen Friedhöfe waren in dieser Weise angelegt; gleiches gilt für die Bronze- und Eisenzeit. Bei der Universalität dieser Vorstellung kann man hier von der Wirkung einer «urbildhaften Idee» (Archetypus) ausgehen.

Berücksichtigt wurden die vier Himmelsrichtungen auch bei den täglich zu verrichtenden religiösen Ritualen. In Indien herrschte zur Zeit Christi eine strenge Beachtung dieses Punktes:

«Wenn der Altar nicht genau in der vorgeschriebenen Gestalt gebaut ist, wenn eine Kante nicht rechtwinklig zur anderen steht, wenn in der Aufstellung nach den Himmelsrichtungen ein Fehler stattfand, so nimmt die Gottheit das ihr dargebrachte Opfer nicht an – ein dem Inder schrecklicher Gedanke, da für ihn jedes Opfer ein förmlicher Vertrag mit der betreffenden Gottheit, eine Art von Tauschgeschäft ist und er somit auf Erfüllung seines beim Opfer gehegten Wunsches sich nicht die geringste Rechnung machen kann, sofern seine Gabe verschmäht wurde.»[17]

Bei manchen Völkern richtete sich auch die Gebetsrichtung nach dem Sonnenlauf, wie etwa bei den Manichäern. In Harran verehrten die Sabier die Sonne bei ihrem Aufgang, mittags und bei ihrem Untergang. Das Sonnenaufgangsgebet fand beim «Pfahl des Ostens» statt und bestand aus acht Verbeugungen, wobei sich der Betende jeweils dreimal zur Erde warf. Das Ritual begann eine halbe Stunde vor Sonnenaufgang und endete mit der aufgehenden Sonne. Das zweite Gebet am «Pfahl der Mitte des Himmels» wurde begonnen, wenn die Sonne sich zum ersten Mal wieder abwärts neigte – wenn also der Zenit gerade überschritten wurde. Das Ritual bestand diesmal aus dreimaligem Niederwerfen. In ähnlicher Weise verlief das Gebet am «Pfahl des Westens», das mit dem Sonnenuntergang endete.

Auf eine andere Art und Weise zeigt uns der tibetische Buddhismus, daß die Sonne (indirekt) als Vorbild für das religiöse Leben in Anspruch genommen wurde. Analog dem Sonnenlauf gilt die rechtsläufige Umwanderung eines sakralen Gebäudes als verdienstvoll; die linksläufige hingegen wird als teuflisch angesehen.[18]

Ohne Zweifel kommt der archetypische Gehalt der Sonne besonders markant in ihrer andachtsvollen morgendlichen Begrüßung zum Ausdruck. Nicht nur die Philosophen Sokrates und Dion Chrysostomos, sondern auch Chinesen, Japaner und indische Brahmanen begrüßten die aufgehende Sonne. Der Geschichtsschreiber Josephus berichtet über die Sekte der Essener, mit der auch Jesus Kontakt gehabt haben soll:

«Bevor die Sonne aufgeht, sprechen sie kein unheiliges Wort, sondern richten an das Gestirn gewisse altertümliche Gebete, als wollten sie seinen Aufgang erflehen.»[19]

C. G. Jung schreibt über den archetypischen Gehalt der Sonne:

«Der sichtbare Vater der Welt ist die Sonne, das himmlische Feuer; daher Vater, Gott, Sonne, Feuer mythologische Synonyme sind.»[20]

Noch im Jahre 500 n. Chr. rügte Papst Leo I. in einer Weihnachtspredigt die Unsitte der Christen, bei Sonnenaufgang dieses Gestirn anzubeten und der Peterskirche dabei den Rücken zuzuwenden. Auch der Kirchenlehrer Origines bezeugt uns in einem Bericht, wie weit verbreitet diese Sonnenverehrung bei den Christen war. Selbst in unserem Jahrhundert noch ehrten christliche Makedonier die aufgehende Sonne, indem sie sich vor ihr verneigten und sich bekreuzigten.

Ein besonders schöner Lobgesang auf die Sonne ist uns aus Ägypten erhalten geblieben. Um 1375 v. Chr. dichtete Echnaton Verse, die seine Untertanen jeweils bei Sonnenaufgang sangen:

«Du erscheinst so schön am Horizont des Himmels,
Du lebendige Sonne, die mit Leben begann.
Du bist im östlichen Horizont und hast alle Lande
mit deiner Schönheit erfullt.
Deine Strahlen umfassen die Länder bis zum Ende alles dessen,
was du geschaffen hast.
Du bändigst die Länder deinem geliebten Sohne,
König Echnaton...
Im Morgengrauen leuchtest du auf
und glänzest als Sonne am Tage.

Die beiden Landesteile sind in Feststimmung.
Die Menschen erwachen und stellen sich auf ihre Füße.
Ihr Leib wird gewaschen, sie nehmen ihre Kleidung.
Ihre Arme erheben sich in Anbetung,
weil du erschienen bist.
Die ganze Welt tut ihre Arbeit.
Alles Vieh befriedigt sich an seinem Kraute.
Bäume und Kräuter grünen.
Die Vögel fliegen auf aus ihrem Neste.
Ihre Flügel erheben sich in Anbetung zu dir.
Alles Wild springt auf seinen Füßen.
Alles, was da auf- und niederflattert,
sie leben, nachdem du ihnen wieder aufgeleuchtet bist.»[21]

Bei den christlichen Mystikern wird das innerlich während der Meditation Geschaute oft mit dem Licht der Sonne verglichen. Die folgende Vision der Heiligen Hildegard von Bingen könnte in derselben Weise von jedem Andersgläubigen erlebt werden:

«Das Licht, das ich schaue, ist nicht örtlich, sondern weit und heller als die Wolke, die die Sonne trägt [...] Dieses Lichtes Gestalt vermag ich in keiner Weise zu erkennen, wie ich das Kreisrund der Sonne nicht vollkommen anblicken kann. In diesem Lichte aber sehe ich zuweilen und nicht häufig ein anderes Licht, das mir das lebendige Licht genannt wird, und wann und in welcher Weise ich dieses sehe, das weiß ich nicht zu sagen. Und da ich es schaue, wird mir alle Traurigkeit und alle Not entrafft, also daß ich alsdann die Sitten eines einfältigen Mägdleins und nicht einer alten Frau habe.»[22]

C. G. Jung bemerkte zu dieser Schau: «Wenn sie [die Mystiker] durch Verinnerlichung in die Tiefen ihres eigenen Wesens hinabsteigen, so finden sie ‹in ihrem Herzen› das Bild der Sonne, sie finden ihren eigenen ‹Lebenswillen›, der mit Recht, ich darf wohl sagen mit physikalischem Recht, Sonne genannt wird, denn unsere Energie- und Lebensquelle ist die Sonne.»[23]

Jung weist darauf hin, daß der Sonnengott – gleichgültig ob es sich um die «Sonne» Christus oder den indischen Sturm- und Sonnengott

Rudra handelt – immer identisch mit dem «inneren Gott» ist. Bei so vielen kulturellen Übereinstimmungen die Sonne betreffend verwundert es uns nicht mehr, daß der Geburtstag Christi ab dem 4. Jahrhundert n. Chr. auf den 25. 12. gelegt wurde. Dies war traditionell der Feiertag des römischen Sonnengottes gewesen. In Ägypten feierte man an diesem Datum (26. Chojak) die Wiederauferstehung des Osiris.

Nach all dem Gesagten dürfte klar sein, daß die Sonne mit dem geistigen Bewußtwerdungsprozeß verbunden ist. Sie steht für das höchste Prinzip im Menschen. Auf die Gemeinschaft bezogen symbolisierte die Sonne bei vielen Völkern den Herrscher. Als eines von zahlreichen Beispielen sei der Herrscher der Inkas erwähnt: Ebenso wie Echnaton trug er den Titel «Sohn der Sonne». Interessanterweise hat die Vergleichende Religionswissenschaft folgende Entdeckung über das Auftreten der Sonne gemacht:

«Man könnte sagen, daß die Sonne dort bedeutend wird, wo durch Könige, Heroen und Reichsbildungen ‹die Geschichte› beginnt.»[24] In der Astrologie sind dann Macht, Königtum und Bewußtwerdung zu traditionellen Analogien der Sonne geworden.

3. *Mond*

Ähnlich wie die Sonne vertrat zuweilen auch der Mond den obersten Himmelsgott. Dabei konnte der Mond sowohl als Gott wie auch als Göttin verehrt werden. Die weibliche Erscheinungsform dürfen wir vor allem in matriarchalen Gesellschaften erwarten.[25] Typisch für das lunare Prinzip ist die Fruchtbarkeitssymbolik. Dies gilt auch für jene Kulturen, bei denen der Mond männlichen Geschlechts ist.

Wenn oben die Rede war von der «Verehrung des Mondes», so müssen wir uns darüber im klaren sein, daß nicht jedes Volk den Gott oder die Göttin – etwa in Venuskulten – mit dem Mond oder einem Planeten direkt identifizierte. Zum Teil sah man im Mondgott bzw. in der Mondgöttin ein göttliches *Prinzip*. In vielen Kulturen ist das Himmelsobjekt nur *eine* Erscheinungsform des jeweiligen Gottes. Derselbe Gott konnte dem Menschen auch in Steinen, Bäumen oder Pflanzen erscheinen. So ist z. B. Isis gleichzeitig in ihrem Kultbild und im Sirius vorhanden. Antike Bezeichnungen der Planeten als «Stern des...» weisen auf diesen Hintergrund hin: «Stern des (Gottes) Saturn» oder «Stern des (Gottes) Jupiter».[26] Auch der babylonische Mondgott Sin war nicht einfach mit dem Mond identisch, sondern er war dessen «ba'al» (Besitzer).[27]

Wenden wir uns nun den archetypischen Qualitäten des Mondes zu, die Eingang in die Astrologie gefunden haben. Entgegen der Sonne, die äußerlich immer gleich bleibt, ändert sich die Erscheinungsform des Mondes fortwährend: er wächst, nimmt ab und verschwindet schließlich – je nach Mondphase. Der Mond ist somit das Gestirn der Lebensrhythmen.[28]

Drei Tage lang «fehlt» der Mond am Sternenhimmel; dem Frühmenschen muß dies sehr geheimnisvoll und vermutlich beängstigend vorgekommen sein. Dem Tod folgt eine Neugeburt, auch wenn sie im Vergleich zur Sonne extrem verspätet ist. Noch ein weiterer Unterschied gegenüber der Neugeburt der Sonne ist wichtig: während letztere jeden Morgen mit derselben Intensität aufgeht, erinnert die zum ersten Mal wieder sichtbare Mondsichel eher an eine schüchtern keimende Pflanze. Während der «Tod» der Sonne nur scheinbar war, ist der Mond tatsächlich «gestorben». Seine schwache Sichel symbolisiert den noch unsicheren Neuanfang auf einer anderen Ebene. Festzuhalten bleibt für uns, daß der Mond in wesentlich stärkerem Maße als die Sonne für den Menschen das «Gestirn des Übergangs» darstellte.

Möglicherweise hat der primitive Mensch sein persönliches Weiterleben nach dem Tod aus der Anschauung des Mondzyklus geschlossen. Belegen lassen sich solche Spekulationen nicht, doch haben sie aus archetypischer Sicht einiges für sich. Jedenfalls hat auch Augustinus die Mondphasen als «Beweis» für die Fortexistenz der Seele nach dem Tod in Anspruch genommen.

Nicht bezweifelt werden kann die herausragende Rolle des Mondes für den Rhythmus der Natur. Nicht nur Mondgöttinnen, sondern auch der männliche babylonische Mondgott Sin, um ein Beispiel zu nennen, wurden besungen als «die Frucht, die aus sich selbst wächst».[29] Wasser, Regen und die Fruchtbarkeit bei Mensch, Tier und Pflanze wurden dem Mond zugeordnet. Die Umlaufdauer des Mondes von 28 Tagen (bezogen auf die Ekliptik) machte ihn wegen des gleichlangen Menstruationszyklus sogar zum Geburtshelfer.

Als Herr des Rhythmus diente der Mond mit seinen Phasen der Entwicklung des Zeitbegriffs. Eingeborene geben Zeitabschnitte häufig in «Monden» an. Auf diese Weise ist der Monat entstanden, der sich auf die Dauer von Neumond zu Neumond (30 Tage) bezieht. Technisch gesehen, stehen bei Neumond Sonne und Mond (scheinbar) aufeinander, was die Astrologen «Konjunktion» nennen. Nach jeweils 28 Tagen hat der Mond zwar die gleiche Stellung in der Ekliptik wieder erreicht, doch mittlerweile ist ja auch die Sonne – bzw. die Erde! – ein Stück weitergewandert. Etwa zwei zusätzliche Tage benötigt der Mond, um die scheinbare Sonnenbewegung wieder einzuholen.

Eindrucksvoll werden diese Zusammenhänge des Mondes mit der Zeit durch die Sprachgeschichte bestätigt. Die älteste indoarische Wurzel ist jene, welche den Mond bezeichnet: «me(d)», was wandern, abschreiten, abstecken und messen bedeutet. Das Wort «Monat» stammt ab vom indogermanischen «menot», worunter der Mond und der Mondwechsel verstanden wurden.[30]

Das Wort «Menstruation» schließlich gehört ebenfalls zu der eben geschilderten Wortfamilie. Das lateinische Stammwort «mensis» bedeutet «Monat» und «Monatsfluß». Die Frauen unterstehen somit dem Mondgesetz. Wie C. G. Jung unterstrichen hat, gilt diese Feststellung als richtig, obwohl die Frauen nicht gleichzeitig mit dem Mond menstruieren. Statistisch meßbare Beziehungen zwischen Mond und Eizelle scheint es aber nach Shuttle/Redgrove dennoch zu geben:

«Die hier vorgelegten Ergebnisse zeigen den geringen, aber statistisch bedeutsamen synodisch-lunaren (oder Sonnen-Mond-)Einfluß auf die menschliche Geburtenrate und damit wahrscheinlich auf die Konzeptionsrate, wenn nicht gar auf die Ovulationsrate. Konzeption und Ovulation kulminieren aller Wahrscheinlichkeit nach bei Vollmond oder kurz zuvor. Der Mondzyklus der Geburten ist wohl ein Prototyp des menschlichen Ovulations- und Menstruationszyklus, wobei Ovulation und Konzeption seltener bei Neumond als bei Vollmond auftreten. Mit dem Neumond verbindet sich ein Ansteigen der Menstrualblutungen. Darauf verweisen auch die von Gunn et al. durchgeführten Untersuchungen, die ergeben haben, daß sich bei Vollmond Ovulation und Konzeption erhöhen.»[31]

Wie mächtig in den verschiedensten Kulturen der häufig als «Meister der Frauen» bezeichnete Mond ist, zeigen folgende Streiflichter: Wegen der großen Fruchtbarkeit des Mondes durften die Eskimomädchen nicht in dieses Gestirn schauen, weil sie von ihm hätten schwanger werden können. Das Wachsen des Kindes im Mutterleib galt dabei als Analogie zum Wachsen der Mondsichel. In Nigeria glaubte man, daß die große Mondmutter den Mondvogel auf die Erde schicke, damit dieser die kleinen Kinder bringe. Auch in unserer Kultur findet sich Ähnliches; man denke nur an die Geschichte vom Klapperstorch.

Als Schöpfer und «Weber» der Zeit ist der Mond ebenfalls oft Herr des Schicksals. Die drei Mondphasen – zunehmender Mond, Vollmond und abnehmender Mond – entsprechen den Lebensphasen von

Geburt (Schöpfungsaspekt), Wachstum (Reifung) und Tod.[32] Die Trinität von Schicksalsgöttinnen in den verschiedenen Kulturen, wie z. B. Nornen, Parzen und Moiren, geht zurück auf den Mondphasenwechsel. Nicht nur im Mythos, sondern auch im Märchen können wir den Schicksalsgöttinnen begegnen, die den menschlichen Lebensfaden weben. Selbst für die Irokesen sitzt im Mond eine «Schicksalsweberin»; die Beispiele ließen sich vermehren. Zu berücksichtigen ist dabei allerdings, daß sich der Archetypus je nach sozialen, klimatischen und kulturellen Bedingungen unterschiedlich ausprägt.

Albrecht Dürers Bild «Maria im Strahlenkranz in der Mondsichel» dokumentiert sehr anschaulich, wie die archaische Symbolik auch in unserer Kultur fortlebt. Maria wurde des öfteren als Mondgöttin dargestellt. Gemäß astrologischen Grundsätzen stellte sich Dürer den Mond-Menschen mit dem sprichwörtlichen «Mondgesicht» vor und zeichnete Maria dementsprechend.

In europäischen Volksmärchen begegnen wir oft dem Mond als «Initiationsmeister» der Frauen. In Grimms *Die Gänsehirtin am Brunnen* erlebt die Heldin um Mitternacht an einem Brunnen folgendes:

«Der Mond war indessen groß und rund über dem Berg aufgestiegen, und es war so hell, daß man eine Stecknadel hätte finden können. Sie zog eine Haut ab, die auf ihrem Gesicht lag, bückte sich dann zu dem Brunnen und fing an, sich zu waschen. Als sie fertig war, tauchte sie auch die Haut in das Wasser und legte sie dann auf die Wiese, damit sie wieder im Mondschein bleichen und trocknen sollte. Aber wie war das Mädchen verwandelt! So was habt ihr nie gesehen! Als der graue Zopf abfiel, da quollen die goldenen Haare wie Sonnenstrahlen hervor und breiteten sich, als wär's ein Mantel, über ihre ganze Gestalt. Nur die Augen blitzten heraus so glänzend wie die Sterne am Himmel, und die Wangen schimmerten in sanfter Röte wie die Apfelblüte.»[33]

Bislang sind wir noch nicht auf den Mond als Orientierungshilfe für das bäuerliche Leben eingegangen. Schon in den Frühkulturen deutete man kleine Unterschiede im Aussehen des Mondes, etwa Vorhöfe, in bezug auf kommendes Wetter. Besonders wichtig jedoch waren die Mondphasen für die Termine von Ernte und Aussaat. Wegen der praktischen Bedeutung der Mondphasen im täglichen Leben nennt Eliade die durch sie eingeteilte Zeit «lebendige Zeit»; sie bezieht sich immer auf biokosmische Zusammenhänge wie z.B. auf den Gezeitenwechsel des Meeres. Obwohl die Menschen in früheren Zeiten keinerlei Kenntnisse von der naturwissenschaftlichen Rolle des Mondes beim Gezeitenwechsel hatten, ordneten sie diesen intuitiv richtig dem «Herrn der Wasser» zu, so z.B. die Griechen, Kelten, Maoris (Neuseeland) und Eskimo.

Überhaupt ist die Zuordnung Mond/Wasser kulturell übergreifend. Im indischen *Rig-Veda* heißt es: «Der Mond ist in den Wassern» und in den *Brahmanas* lesen wir: «Vom Mond kommt der Regen». Der zerstörerische Aspekt des Mondes, der den fehlenden drei Tagen entspricht, offenbarte sich vielen Völkern in Flutkatastrophen, die Tod und Verwüstung über den Menschen brachten. Wie Eliade gezeigt hat, sind die Sintflutmythen der verschiedensten Stämme und Völker eng mit der Mondsymbolik verflochten.

Was die Aussaattermine anbelangt, so hat sich bis in unser Jahrhundert hinein ein Rest des Mondglaubens erhalten. Auf das frühere Ostpreußen eingehend, berichtet Heinrich Marzell 1922:

«Daß die Phasen des Mondes beim Aussäen einen großen Einfluß auf das Gedeihen der Feld- und Gartenfrüchte haben, wird allgemein geglaubt, besonders in der Form, daß die Gewächse, die ihre ‹Früchte› (im kulinarischen Sinn also Rüben und Kartoffeln) unter der Erde tragen bei abnehmendem, solche die sie über der Erde tragen, z.B. Getreide, bei zunehmendem Mond gepflanzt werden müssen. Bei Mondwechsel soll man überhaupt nicht säen, sonst verwandelt sich der Same, so daß z.B. aus Rübensamen Kohl- oder Senfsamen entsteht. Das Ackern [Pflügen] bei abnehmendem Mond soll bewirken, daß keine Quecken, das verhaßte und schwer zu vertilgende Unkraut, aufgehen. Wie der Mond abnimmt, so soll auch Unkraut abnehmen.»[34]

Die Beispiele zeigen sehr schön, wie schmal der Grat zwischen intuitivem Wissen (Mond und Gezeitenwechsel) und plumpem Aberglauben ist. Nicht unerwähnt bleiben sollte, daß in jüngster Zeit in einigen Formen des Biologischen Landbaus der Mondphasenwechsel wieder verstärkt berücksichtigt wird.

Die eben geleistete Beschreibung des Mondes ist natürlich nur ein unvollkommener Versuch, die Lebendigkeit des lunaren Denkens zu vermitteln. Eliade bemerkt dazu treffend:

«Die ‹Kräfte› des Mondes lassen sich nicht durch aneinandergereihte analytische Bemühungen verstehen, sondern nur durch eine Intuition, die sich dann mehr und mehr zu einem Ganzen *entfaltet.*»[35]

4. *Sternenwelt und Jenseits*

Nach dem Tod eines Kindes zeigte man noch in unserem Jahrhundert an den Himmel und sagte den Geschwistern: «Seht, da oben leuchtet jetzt euer Brüderchen.» Die Verknüpfung der Seele mit der Sternenwelt ist eine ähnlich alte urbildhafte Idee, wie jene, dort einen obersten Gott zu erkennen.

Wir treffen diese Anschauung sowohl bei vielen Eingeborenenstämmen an als auch bei Kulturvölkern wie den Griechen. Wie man die Fixsterne und den Himmel als ewig dauernd betrachtete, so auch die menschliche Seele. Eine Verbindung von beidem entspringt somit einer Art von «natürlicher Logik». Daß es sich hierbei um eine archaische innerpsychische Realität, einen Archetypus, handelt, wird einem spätestens bei der Betrachtung von Sterbeberichten klar. In den Visionen des mittelalterlichen Mönches Tundal wird der Engel, der die Seele holt, visionär als Stern erlebt; für die 1961 gestorbene Tänzerin Janine Charrat stellt sich die Verbindung des menschlichen Schicksals mit dem Himmel wie folgt dar:

«Im Totenreich ist alles niedergeschrieben – die Vergangenheit, die Gegenwart und auch die Zukunft... Das Schicksal jedes Menschen steht im Lebensbuch des Himmels.»[36]

Besonders häufig erleben Sterbende Treppen und Leitern, die ihnen die Möglichkeit geben, in den Himmel hinaufzusteigen. – Die Symbolik der Höhe haben wir schon an einer früheren Stelle besprochen.

Die Anhänger der Religion des Mithras sprachen beim Aufschweben zum Himmel: «Ein Stern bin ich unter Sternen, der mit Euch seine Wandelbahn geht und aufleuchtet aus der Tiefe.» Auch der griechische Philosoph Plotin verkündete in hellenistischer Zeit diese Lehre.[37] In Rom wurde dieser Glaube in besonderer Weise auf den Kaiser angewandt. Der Dichter Vergil warf sogar die Frage auf, ob Kaiser Augustus nach seinem Tod in der Nähe des Sternbildes Jungfrau weiterleben würde. Er meinte, dort sei zwischen Erigone (Jungfrau) und den Scheren des Skorpions noch ein Plätzchen frei: «Ja, der brennende Skorpion zieht schon für Cäsar seine Scheren zusammen und läßt dir mehr Platz am Himmel, als notwendig ist.»[38]

Wie das Beispiel zeigt, gab es eine lebendige Beziehung zwischen den aus Sterngruppen gebildeten Tierkreisbildern und zeitgeschichtlichen Ereignissen. Auf einer römischen Darstellung der zwölf Tierkreisbilder erschien beispielsweise das neue Sternbild «Cäsar, der die Waage hält.» Dieser Umbenennungsversuch war allerdings nicht von langer Dauer – wie so manch anderer ebenfalls. Die Gleichsetzung des Kaisers mit einem Stern hielt sich jedoch lange. Auf Münzen wurden die römischen Herrscher über ihrem Kopf mit einem Stern abgebildet. Der Kaiser wurde als «sidus» oder «stella» bezeichnet.[39]

Auch in griechischen Grabgedichten finden wir die Überzeugung, daß der Mensch nach seinem Tod in den Sternen weiterlebe: «Mutter, weine nicht, was sollen deine Tränen, verehre mich vielmehr und staune, denn ein Stern bin ich geworden, ein göttlicher, der am Abendhimmel steht.»

In Ägypten bekam (während einer bestimmten Epoche) der Pharao den Thron direkt von der Göttin Sothis, die im Sirius residierte. Nach dem Tod erschien der Pharao selber als heller Stern.[40] Bevorzugt wurden dabei Sterne, die in der Nähe der Ekliptik (scheinbare Sonnenbahn) sind, besonders aber Sirius und Orion; in alten Texten werden aber auch Planeten wie Venus und Mars erwähnt. In Sarginschriften des zweiten Jahrtausends v. Chr. werden dem Toten folgende Worte in den Mund gelegt:

«Ich finde Orion am Wege stehend mit dem Szepter in seiner Hand, ich richte das Szepter auf und ergreife es, damit ich dadurch göttlich werde. Er gibt mir das Szepter, das in seiner Hand ist, und sagt: ‹Komm zu mir, mein Sohn! Dein Aufgang finde in Frieden statt; deine Mumie sei bei meinem Platze; du bist mein Sohn, der Herr meines Hauses›.»[41]

Wenn besonders für Kaiser und Pharaonen galt, daß sie in persona in den Sternen weiterlebten, so begnügten sich die meisten Menschen damit, «nur» die Seele der Verstorbenen am Himmel zu vermuten. Die beiden Vorstellungen konnten allerdings ineinander übergehen und waren nicht immer scharf zu trennen. Für die Germanen waren die Sterne die «Augen der Toten», wobei die Augen von jeher als «Spiegel der Seele» galten. Verbreitet fand sich übrigens bei uns früher der Glaube, daß eine fallende Sternschnuppe einen gerade Sterbenden anzeige oder zumindest einen bevorstehenden Tod ankündige.

Sogar in der christlichen Kirche findet sich die Verbindung der Seele mit der Himmelswelt. Papst Gregor der Große (600 n. Chr.) sah in den Sternen die Seelen einzelner Menschen, die sich durch tugendhaftes Leben besonders ausgezeichnet hatten. Noch im 17. Jahrhundert verteidigte der Mathematiker Bodinus diese Anschauung. Nach Wilhelm Gundel haben die Erkenntnisse der modernen Astronomie diesen Glauben zurückgedrängt:

«Es ist ein Völkergedanke, der sich von selbst auf einer gewissen Kulturstufe einstellt, um dann bei fortschreitenden astronomischen Erkenntnissen wieder zu verflachen und schließlich in der Wissenschaft ganz, im Volk aber immer nur teilweise ausgelöscht zu werden.»[42]

Im kollektiven Unbewußten der Menschen, so ist hier zu ergänzen, kann dieser Glaube jedoch niemals aussterben. Wie die Analyse von Märchen, Mythen, Träumen und Sterbevisionen zeigt, ist er eine archetypische Realität.

Neben der Vorstellung, der Mensch werde körperlich zu einem Stern oder zumindest seine Seele werde zu einem Stern, gab es vereinzelt auch den Glauben, die Seele lebe nach dem Tode *auf* einem schon bestehenden Stern weiter. So glaubte man z. B. in Griechenland, daß Diogenes, der den bekannten Beinamen Kyon (Hund) trug, am Himmel auf dem Hundsstern (Sirius) residiere. In den spätantiken Erlösungsreligionen stellte man sich auch immer stärker die Sternbilder des Tierkreises als Aufenthaltsort der Menschenseele vor. Die Pforten des Himmels waren die Tierkreisbilder der Sonnenwende:

Krebs und Steinbock. Die reinen Seelen wohnten im Krebs, und jene, die sich auf eine neue Inkarnation vorbereiteten, weilten im Steinbock.

Verbreitet war auch die Überzeugung, daß Menschen, die unter einem bestimmten Tierkreisbild geboren waren, nach ihrem Tod in das entsprechende Sternbild zurückkehrten.[43]

Erwähnenswert ist hier noch die Darstellung der Orphiker: Der Mensch inkarniert sich nacheinander in den Tierkreisbildern. Ist er im letzten Tierkreisbild Fische angelegt, entscheidet sich, ob der Inkarnationszyklus im Widder erneut begonnen werden muß oder ob sich die Seele endgültig in die himmlischen Sphären hinaufschwingen darf.[44]

In bezug auf den Jenseitsglauben ist nach Gundel die Rolle von Sonne, Mond und Planeten kulturgeschichtlich bedeutend gewesen.[45] Viele antike Philosophen waren der Ansicht, die Seele ginge nach dem Tode in jenen Planeten ein, der bei der Geburt des Menschen am Aszendenten gestanden habe. Der Aszendent als Aufgangspunkt am Osthorizont war und ist traditionell der bedeutsamste Faktor des Geburtshoroskops. Mit «Horoskopos» bezeichnete man in der ägyptisch-griechischen Astrologie den im Osten aufgehenden Stern oder auch Planeten. Für die Deutung wurde meist zwischen Stern und Planet nicht unterschieden – zumindest in der frühen Astrologie. Der «Horoskopos» war auch der «Stundenschauer», jener Priester-Astrologe, der die aufgehenden Gestirne in Ägypten schriftlich festhalten mußte und die Stundenregenten festlegte.

Aus der eminenten Rolle, die die Planeten am Aszendenten spielten, ging die Planetenkinder-Typologie hervor; jeder Planet entsprach einem bestimmten Charakterbild. Albrecht Dürer widmete einige Federzeichnungen solchen Planetenkinderdarstellungen, z. B. den Saturnkindern; ihnen prophezeite man ein schweres Schicksal:

Haarig, nervig, alt und kalt,
hinkend, stinkend, ungestalt
bin ich und alle meine Kind',
die unter mir geboren sind.[46]

Obwohl moderne Astrologen kaum noch der Auffassung sind, daß «Saturnkinder» verkrüppelt sein könnten, finden sich solche vulgärastrologischen Deutungen auch in unserer Zeit noch häufiger, als man vermuten möchte.

Sternenwelt und Jenseitsglauben waren auch in Indien stark miteinander verzahnt. Man entwickelte dort differenzierte astrologische Regeln, aus denen man den himmlischen Aufenthaltsort der Seele berechnen konnte. Sogar die vorgeburtlichen Sternbereiche glaubte der berühmte indische Astrologe Varaha Mihira (6. Jahrhundert n. Chr.) bestimmen zu können.[47]

Wie stark der hier beschriebene Archetypus auch in neuerer Zeit das menschliche Denken beschäftigte, zeigt ein Ausspruch des Philosophen Immanuel Kant. Er fragte sich, ob die Seele nicht einst jene weit entfernten Kugeln des Weltgebäudes aufsuchen werde:

«Vielleicht bilden sich darum noch einige Kugeln des Planetensystems aus, um nach vollendetem Ablaufe der Zeit, die unserem Aufenthalte allhier vorgeschrieben ist, uns in anderen Himmeln neue Wohnplätze zu bereiten. Wer weiß, laufen nicht jene Trabanten um den Jupiter, um uns dereinst zu leuchten?»[48]

Schon Platon formulierte in seinem Werk *Timaios*: «Die Seele ist das Runde.»[49] Der Sternenwelt als eigentlicher Heimat des Menschen begegnen wir noch heute bei einem Gang auf den Friedhof: Das Geburtsjahr ist zumeist mit einem Stern versehen; der Mensch entstammt der Himmelswelt, wohin er auch wieder zurückkehrt. Da die Sterne die göttliche Sphäre repräsentieren, hält sich der Mensch demnach für ein göttliches Geschöpf! Dazu ja oder nein zu sagen, ist allein eine Frage des Glaubens, nicht der Naturwissenschaft. Aus *tiefenpsychologischer* Sicht spielt es jedenfalls keine Rolle, ob man sagt «Der Mensch kommt von Gott» oder «Der Mensch kommt aus den Sternen». Von diesem Blickwinkel aus gesehen, steht uns «Zivilisierten» eine arrogante Haltung zu jenem früheren Sternenglauben schlecht zu Gesicht. Jede Kultur drückt ihre spirituelle Wahrheit immer auf der ihr entsprechenden Stufe aus. «Wahrheit» ist ohnehin immer nur in relative Begriffe zu fassen.

5. *Sternbilder und Tierkreiszeichen*

Wenn für den Menschen Sonne, Mond, einzelne Sterne und Planeten zu beseelten Wesen werden konnten, so gilt dies auch für die Sternbilder, die aus einzelnen Sternen zusammengesetzt sind. Sowohl Dinge, Tiere als auch Menschen wurden in den himmlischen Gefilden entdeckt: Fuhrmann, Taube, Drache und Gluckhenne (Plejaden) – um nur einige zu nennen.

Von «natürlichen Sternbildern» spricht man, wenn mehrere Fixsterne durch ihre Kombination assoziativ ein bestimmtes Bild ergeben. Daneben gibt es aber auch «künstliche Sternbilder»; die Anordnung ihrer Einzelsterne läßt keinerlei Ähnlichkeit mit dem Bildnamen erkennen. Als Beispiel erwähnten wir schon das Sternbild «Cäsar, der die Waage hält». Selbst mit der abenteuerlichsten Phantasie wird man Cäsar nicht sehen können. In den meisten Fällen hat bei den künstlichen Sternbildern die Mythologie Pate gestanden.

Vergleicht man die Sternbilder von Völkern unterschiedlicher Kulturstufe, so fällt einem deren ungleiche Größe auf: Je archaischer die betreffende Kultur ist, desto ausgedehnter sind die Sternbilder.[50] Indianische und australische Sternbilder umfassen über ein Drittel des gestirnten Himmels! Je differenzierter jedoch die Kultur, desto kleiner werden die Sternbilder, bis schließlich sogar jeder einzelne Stern einen Namen erhält. Diese Tatsachen sind nur psychologisch zu erklären: Wenn der Mensch noch intensiv mit dem kollektiven Unbewußten verbunden ist, erscheint ihm alles Himmlische besonders mächtig und eindringlich.

In den meisten Darstellungen der Entstehung der Sternbildnamen und des damit verbundenen Projektionsmechanismus wird geringschätzig von der «Einbildung» des Menschen gesprochen. So sagt z. B. der Assyriologe Albert Schott:

«Merkwürdig, wie der gestirnte Himmel mit mancherlei Figuren bedeckt ist, die das leibliche Auge nicht wahrnimmt, die man seiner Einbildungskraft einprägen muß und die auch nur durch Einbildung entstanden sein können.»[51]

C. G. Jung hat sein Lebenswerk unter anderem der Aufgabe gewidmet, dem Menschen die Realität des Psychischen («Einbildungen») bewußt zu machen. Wenn jemand sich einbildet, er sei krank, dann fühlt er sich tatsächlich krank! Was der Mensch am Himmel wiederzufinden glaubte, sind demnach ernstzunehmende *psychische* Realitäten.

Die Himmelskarte der modernen Kulturvölker ist im wesentlichen festgelegt durch die 36 markanten Sternbilder der nördlichen und südlichen Himmelshalbkugel und die zwölf Tierkreisbilder. Die Tierkreisbilder (Zodiakus) bezeichnen die Bahnen von Sonne, Mond und Planeten. Der Zodiakus besitzt beiderseits der Ekliptik eine Breite von ca. 16 Grad.

Der erste Tierkreis, beziehungsweise die Vorstufe zum heutigen Tierkreis, nannte sich «Weg des Mondes» oder «Harran ilu Sin» (Babylon). Im Gegensatz zum Sonnenschein gestattet das schwache Mondlicht, den Lauf dieses Trabanten am Himmel genau festzulegen. Da der Mondzyklus zwischen 27 und 28 Tagen dauert, wurden mal 27 und manchmal auch 28 Sternbilder festgelegt, die man «Mondhäuser» nannte. Das System der Mondstationen ist in vielen Kulturen nachweisbar. Das Alter dieses ersten «Tierkreises» ist allerdings unbekannt. Möglicherweise müssen wir die Wurzeln bei den alten Sumerern vermuten. Zumindest Vorformen dieses Mond-Tierkreises könnten schon 4000 v. Chr. existiert haben.

Nachdem sich die Zeiteinteilung von 30 Tagen für den Monat allgemein durchgesetzt hatte, wurde für den Sonnenlauf seit etwa dem 4. vorchristlichen Jahrhundert eine Bahn von *12 gleich großen* Himmelsabschnitten festgelegt. Diese Bahnteile erhielten ihren Namen von benachbarten, bekannten Sternbildern, welche zum Teil sehr stark nördlich und südlich von der Sonnenbahn abweichen: Widder (in Babylon: Tagelöhner), Stier, Zwillinge, Krebs, Löwe, Jungfrau, Waage (jüngstes Zeichen), Skorpion, Schütze, Steinbock, Wassermann und Fische.

Dieser astrologische (tropische) Tierkreis besteht somit aus 12×30

Grad. Er dient astronomischen und astrologischen Zwecken: mit seiner Hilfe lassen sich beispielsweise die Planeten genau in ihrer Bewegung erfassen und auch graphisch darstellen.

Tatsächlich *sichtbar* am Himmel sind nur die Sternbilder, bzw. in unserem Zusammenhang die Tierkreis*bilder*, die lange vor den (astrologischen) gleichnamigen Tierkreis*zeichen* existierten. Im Gegensatz zu den Tierkreiszeichen sind die Tierkreisbilder ungleich groß, z.B. ist eines 25 Grad, ein anderes 33 Grad groß.

Die Tierkreisbilder sind durch die Zusammenlegung von Sternen zu Sterngruppen in der Nähe der Ekliptik entstanden. Ihre Ausdehnung und ihre Anzahl variierten im Laufe der Zeit sehr stark. Wissenschaftlich werden die entsprechenden Fragen kontrovers diskutiert. Hans Georg Gundel ist z.B. der Ansicht, daß man von einer Zwölfzahl in Griechenland erst im dritten Jahrhundert v. Chr. ausgehen könne.[52] Bis zu dieser Zeit war der Platz der «Waage» von den «Scheren des Skorpions» belegt. – Auf die Rolle der Tierkreisbilder, Tierkreiszeichen und der Planeten werden wir insbesondere in den Kapiteln über Mesopotamien und Griechenland noch einmal zu sprechen kommen.

Nach dieser Definition der astrologischen Zeichen wollen wir erneut auf die Frage der «Einbildung» und speziell auf den von der Astrologie behaupteten «Wahrheitsgehalt» der Zeichen eingehen. Über die psychische Situation des projizierenden Menschen sagt C. G. Jung in seiner *Einführung in das Wesen der Mythologie* (zusammen mit Karl Kerenyi):

«Die herabgesetzte Bewußtseinsintensität und die Abwesenheit von Konzentration und Aufmerksamkeit, das ‹abaissement du niveau mental› (Janet), entspricht ziemlich genau dem primitiven Bewußtseinszustand, in welchem man den Ursprung der Mythenbildung vermuten muß.» Weiter schreibt Jung: «Die mythischen Bilder gehören zur Struktur des Unbewußten und sind persönlicher Besitz, von dem die allermeisten Menschen viel eher besessen sind, als daß sie ihn besäßen.»[53]

Letztlich geht es demnach nicht – um ein Beispiel zu geben – um den «Steinbock» am Himmel, sondern um das (psychische) Steinbock-Thema, das zu jener Projektion führte. Auch für den großen Mythenforscher Karl Kerenyi handelt es sich hier nicht um Denkinhalte, sondern um Lebensinhalte und symbolische Ausdrucksformen eines Volkes.

Dem antiken Menschen war eine solche reflektierende Betrachtungsweise, wie sie eben vollzogen worden ist, natürlich fremd. Wie erklärte er sich denn die Sternmythen? «Alles, was auf Erden geschieht, hat im voraus in den Bewegungen der Sterne und Himmelskreise stattgefunden», meint ein arabischer Astrologe. (Diese Vorbildfunktion von Himmelsabläufen hatten wir schon in den Kapiteln «Sonne» und «Mond» kennengelernt. Da bekam z.B. die «Himmlische Hochzeit» dieser Gestirne eine Entsprechung in der irdischen Hochzeit der Menschen.)

Diese Art des Denkens trifft man auch im Mittelalter noch an. Ein Deuter aristotelischer Texte schrieb: «Die Urbilder der auf Erden entstehenden Dinge sind die Fixsterne. In ihnen finden sich viele Bilder und Figuren, und nach ihnen gibt es so viele Gestalten auch auf der Erde.»[54] – Wenn man die Urbilder nicht in den Fixsternen, sondern im kollektiven Unbewußten sucht, erhält man die «moderne» Sichtweise.

Nicht unerwähnt bleiben darf bei der Darstellung von Tierkreisbildern und Tierkreiszeichen das Phänomen der Präzession, da es schon in der Antike als Argument gegen die astrologische Deutung benutzt wurde. Unter Präzession versteht man die fortwährende Verlagerung der Erdachse um den Pol der Ekliptik. Sie ist die Folge der Gravitationswirkung von Sonne und Mond auf den massereichen Äquatorwulst der Erde, die versucht, die Erdachse senkrecht zur Ekliptik zu stellen. Bedingt durch die Präzession rückt der «Frühlingspunkt» (0 Grad Widder des Tierkreiszeichens Widder stellt die Frühlings-Tagundnachtgleiche dar) langsam rückwärts. Das Ergebnis dieses Phänomens ist die immer größer werdende Inkongruenz von Tierkreisbildern und Tierkreiszeichen. Während in den Jahrhunderten v.Chr. noch Widder (Tierkreisbild) über Widder (Tierkreiszeichen) und Stier über Stier usw. stand, ist dies heute nicht mehr der Fall. Beide Kreise haben sich um über 30 Grad auseinandergeschoben.

Schon in der Antike war die Präzession als Tatsache bekannt. Meist wird ihre Entdeckung Hipparch (2. Jahrhundert v.Chr.) zugeschrieben, vermutlich hat sie jedoch früher stattgefunden. Wenn auch der einzelne Astrologe sich von dem Präzessionsargument nicht beeindrucken ließ und in vielen Fällen davon kaum Genaueres erfuhr, so spielte diese Diskussion in Gelehrtenkreisen doch eine gewisse Rolle. Angesichts der Verwurzelung der Astrologie im antiken Denken waren die Folgen dieser Debatte jedoch gering. – Wie wir in späteren Kapiteln noch sehen werden, gab es aber auch damals schon Astrologiegegner.

Mit Bezug auf die Präzession hob der Kirchenlehrer Origines (2. Jahrhundert n. Chr.) hervor, daß mit dem Vorrücken der Tagundnachtgleiche der Unterschied zwischen Sternbildern und Zeichen immer größer werde und somit die *ursprünglich* an die Tierkreisbilder angeknüpften Aussagen hinfällig würden, da sie ja schließlich nur noch mit ganz imaginären Werten rechneten. Dies gelte insbesondere für die Prognosen. Wilhelm Gundel kommentiert dazu:

«Kulturgeschichtlich außerordentlich wertvoll ist die Bemerkung des Origines, daß sie, d. h. die Astrologen, behaupteten, die Wirkungen leite man nicht von dem tatsächlichen Sternbild, sondern von dem rein gedachten Tierkreiszeichen ab, eine Erklärung, die, wie Origines treffend hinzufügt, man doch gar nicht irgendwie begreifen könne.»[55]

Origines' Argument ist auch heute noch – 1600 Jahre später – das Hauptargument gegen die Astrologie geblieben! Die historische Situation in bezug auf die Astrologen faßt Hans Georg Gundel wie folgt zusammen: «Die Vorstellung eines festen Zodiakus ist jedoch dadurch [durch die Präzession] – insbesonderheit im Glauben und in der astrologischen Praktik des späten Altertums – nicht erschüttert worden».[56] Mit anderen Worten: In der Praxis kümmerten sich die Astrologen nicht um die astronomische Diskussion. Der berühmte Claudius Ptolemaeus allerdings hat den tropischen Tierkreis (12×30) in ausführlicher Weise gerechtfertigt.

Auf originelle Weise bricht C. G. Jung eine Lanze für die Astrologie; er kontert das Präzessionsargument wie folgt:

«Worauf es ankommt, ist nicht die Position der Sterne, worauf es ankommt, ist die Zeit. Man kann die Zeit nennen, wie man will. Es ist völlig gleichgültig, ob wir sagen, der Frühlingspunkt sei bei o Grad im Widder oder bei 28 in den Fischen; das ist eine Konvention; es ist trotzdem der Frühlingspunkt. Wir sehen also, diese alten Bezeichnungen der Zeit wurden nicht vom Himmel abgeleitet, sondern dem Himmel zugeschrieben. Frühling und Winter zum Beispiel wurden auf den Himmel projiziert. Der Mensch hat die Konstellationen geschaffen. Die Konstellationen waren vom Schöpfer der Welt ja offenkundig nicht als astrologisches Lehrbuch für uns gedacht. In den verschiedenen Systemen der Astrologie sind die Konstellationen denn auch unterschiedlich angeordnet. [...] Es gab eine Zeit, in der der Tierkreis nur aus vier Zeichen bestand. Die Römer hatten elf. Die Waage stammt aus der Zeit der Cäsaren; weil dieses Zeichen so spät erfunden wurde, ist es das einzige, das ein Instrument ist. Die Waage wurde erschaffen, indem man dem Skorpion die Klauen abschnitt. Alle anderen Tierkreiszeichen sind mythologische Geschöpfe oder Menschen. Der Mensch hat den Sternen den Namen gegeben. Der Löwe sieht nicht wie ein Löwe aus, aber der Mensch hat ihn so genannt, weil die Sonne in dieser verheerenden Jahreszeit, wenn die Hitze unerträglich ist und alles vertrocknet und verbrennt, tatsächlich auf ihrem Höchststand ist. Sie ist dann wie eine zerstörerische Macht, deshalb sagten sie, die Sonne wüte wie ein wilder Löwe.»[57]

Nach Jung ist demnach die Qualität der Zeit das Thema der Astrologie:

«Diese Hypothese besagt, daß die Dynamik unserer Psyche weder einfach identisch ist mit der Stellung der Sterne noch etwas mit Schwingungen zu tun hat – das ist eine illegitime Hypothese. Es ist besser anzunehmen, daß sie ein Zeitphänomen ist. Im Begriff der Zeit kommt beides zusammen. Die Zeit oder der Augenblick, verstanden als eine Form von spezieller Energie, stimmt mit unserem Zustand überein. Der Augenblick ist einmalig, so daß alles, was seinen Ursprung in einem bestimmten Augenblick hat, die Energie und die Eigenschaften dieses speziellen Augenblicks besitzt. Das muß so sein, denn ein vor hundert Jahren entstandener Gegenstand hat den Charakter jener Zeit. In diesem Zeitbegriff ist eine vermittelnde Konzeption enthalten, die uns hilft, die irrationalen Erklärungen der Astrologie zu vermeiden.»[58]

Für Jung ist der Zusammenhang zwischen der astrologischen Konstellation und dem Leben auf der Erde ein «Zufall»: «das heißt, beides spielt sich zwar in der Zeit ab, aber ohne kausalen Zusammenhang.»[59]

Was den «Zufall» betrifft, so bedeutet dieses Wort etymologisch «zuteil werden». Ob nun das, was uns zuteil wird (was uns passiert), «Zufall» ist oder vielleicht ein sinngemäßes Zufallen, ist hingegen die Gretchenfrage. Von der Wortgeschichte her könnte «Zufall» jedenfalls mehr bedeuten, als wir gemeinhin damit verbinden. Die Mystiker des 14. Jahrhundert gebrauchten das Wort im Sinne von «äußerlich Hinzukommendes».[60]

Nach Jung kommen die äußerlichen Ereignisse des Lebens häufig zu einer inneren (psychischen) Entwicklung hinzu. Jung sprach in Fällen solcher «sinnvollen Zufälle» von einem «Synchronizitätsphänomen». Auch auf die Menschheitsgeschichte läßt sich dieses Prinzip anwenden. Für Jung jedenfalls ist die Entdeckung der Präzession in der Antike ein Synchronizitätsphänomen:

«Seit jener Zeit beruht die Gültigkeit der Astrologie einfach auf dem Gesetz in uns selbst. [...] Wir können die grundlegenden Gesetze unseres Unbewußten also als Sternengesetze betrachten. Aber der künstliche Frühlingspunkt hat nichts mit dem Leben des Menschheitsbaumes zu tun. Als der Tierkreis erfunden wurde, befand sich der Mensch im Frühling des Bewußtseins, es war also richtig, daß der Frühlingspunkt in den Widder, ein Frühlingszeichen fiel; es ist, als hätte das Horoskop der Menschheit mit der Dämmerung des Bewußtseins begonnen. Der wesentliche Punkt ist, sich zu erinnern, daß die Präzession der Äquinokti nicht die Identität astronomischer Fakten mit Perioden menschlicher Psychologie beweist. Es ist bloß so, daß unser Bewußtsein im Frühling der Menschheit begonnen hat, und das stimmt zufällig mit den Tierkreiszeichen dieser Zeit überein.»[61]

Die hier vorgebrachten Jungschen Argumente mögen manchem Leser schwer verständlich und seltsam erscheinen, doch werfen sie ohne Zweifel ein erhellendes Licht auf das Phänomen Astrologie.

II.

MESOPOTAMIEN

1. Die Sumerer

Durch archäologische Funde wissen wir heute, daß die Wurzeln einer systematischen Astrologie in Mesopotamien liegen. Ohne Zweifel aber auch ist die heutige astrologische Deutungsmethode das Ergebnis der Befruchtung Griechenlands mit dem babylonischen Geist.

Die früheste Hochkultur Mesopotamiens war die der Sumerer. Leider ist uns über diese in das vierte Jahrtausend v. Chr. hineinragende Kultur nur wenig bekannt. Um 3500 v. Chr. benutzten die Sumerer schon Pflug, Wagen und Töpferscheibe. Außerdem hatten sie eine städtisch geprägte Gesellschaft hervorgebracht. Ferner wissen wir, daß im späteren Babylon einige astronomisch-astrologische Bezeichnungen Ähnlichkeiten mit denen der Sumerer aufweisen. Man kann daraus zwar keine allzu weitreichenden Schlüsse ziehen, doch darf man sicherlich vermuten, daß die Babylonier ein – wenn auch primitives – Erbe der Sumerer übernahmen. Franz Boll und Carl Bezold, zwei Pioniere der historischen Astrologieforschung, schreiben über astrologische Prognosetexte aus Babylon:

«Die Ausdrucksweise, deren sich diese astrologischen Vorhersagen bedienen, bewegt sich in der Regel in schlichter, einfacher Rede. Dabei erregen allerdings gewisse Wortstellungen den Verdacht, das Babylonisch-Assyrische sei dort aus dem Sumerischen, der Sprache der vor den Babyloniern im Zweistromgebiet Westasiens ansässigen nichtsemitischen Bevölkerung übersetzt worden, wodurch die Vorlagen einzelner dieser Texte bis über die Schwelle des dritten Jahrtausends ins Altertum hinaufgerückt würden.»[1]

Nach den vorangegangen Kapiteln über «Himmelsgötter» und «Sternenwelt und Jenseits» wird es niemanden erstaunen, daß auch bei den Sumerern das Wort bzw. die Hieroglyphe für Gott «hoch sein» bedeutete und einen Stern darstellte. Jene Hieroglyphe (An) drückte auch im allgemeinen Sinn den Himmel aus.[2] Da man dem Himmel möglichst nahe sein wollte, baute man hohe Tempeltürme, die berühmten «Zikkurat» oder «Gottesberge»; sie verbanden auf bildliche Weise Himmel, Gott und Mensch. Alle führenden Städte der Sumerer, Ur, Kisch und Uruk, besaßen diesen Turm. Jeweils sieben Stockwerke entsprachen Sonne, Mond und Planeten und wiesen auch die ihnen zugeordnete Farbe auf: Schwarz (Saturn), Erdbraun (Jupiter), Rot (Mars), Gold (Sonne), Weiß (Venus), Blau (Merkur) und Grün oder Silber (Mond). Die Zikkurat war eine seltsame Kombination von Getreidelager, Verwaltungsgebäude, Tempel und astronomischer Beobachtungsstätte; sie hatte einen rechteckigen oder quadratischen Grundriß mit nach innen geneigten Mauern; ihr flaches Dach wurde von den Priester-Astrologen zur Beobachtung des Himmels benutzt. Meist wurde eine Zikkurat einem bestimmten Gott geweiht. Um 3000 v. Chr. entstand z. B. in Ur ein solcher Stufenturm für den Mondgott Nanna.[3]

Nanna war der «Herr des Schicksals» und hatte den Beinamen «Aschimbabbar», d. h. «dessen Aufgang strahlend ist». Später entspricht dieser Mondgott in Babylon dem akkadischen «Sin». Nannas Attribute waren Stab und Ring in der rechten Hand als Symbole der Gerechtigkeit.

Der Sonnengott der Sumerer hieß Utu. Seine Bedeutung reicht in keiner Weise an die Nannas oder des späteren babylonischen Sonnengottes Schamasch heran. Bezeichnenderweise war Utu das Kind von Nanna.

Eine überragende Bedeutung spielte bei den Sumerern die Liebes- und Kriegsgöttin Inanna. Sie ist die «Herrin des Himmels» und als Göttin des Planeten Venus heißt sie Ninsianna. In einem an Inanna gerichteten Hymnus lesen wir, daß ihr der Himmel als Krone auf das Haupt gesetzt und die Erde als Sandale an den Fuß gelegt wurde. In späterer Zeit nennt man sie in Babylon (Akkad) Ischtar.

Neben der Trias von Sonne, Mond und Venus waren auch die Planeten bekannt:

Merkur	Bi.ibbu	(d. h. Schaf)
Mars	Simutu	(d. h. Tiefroter)
Jupiter	Dapinu	(d. h. Erschreckender)
Saturn	Lulim	(d. h. Widder)

Ohne die Verbindung zu Inanna nannte man den Planeten Venus auch Zib, d.h. «Abend».[4]

Erwähnt werden muß auch noch die Göttertriade An, Enlil und Enki. An bezeichnet den schon erwähnten höchsten Gott. Sohn Ans ist Enlil, den man «König der Länder» nennt und der auch das Schicksal der Welt bestimmt. Enki schließlich ist der «Herr der Erde»; er war der Beherrscher der Meere und Gott der Weisheit und Magie.

Die astralreligiösen Züge der sumerischen Kultur drücken sich nicht nur in der Verehrung von Sonne, Mond und Venus aus, sondern auch in der Anbetung einzelner Sternbilder (auch Tierkreisbilder). Der Zodiak als Ganzes war jedoch noch nicht bekannt.

Etliche astrologische Anspielungen enthält das berühmte *Gilgamesch-Epos*. Leider ist es uns nur in einer babylonischen Fassung überliefert. Nach der einheimischen Überlieferung gliedert sich die Geschichte Babylons in die Zeit vor der Sintflut und die nach der Sintflut. Vor der Flut regierten zehn Urkönige, die den zehn Erzvätern der Bibel entsprechen und auch eine ähnliche phantastische Lebensdauer haben wie diese; unter dem letzten kam es zur Flut, deren Geschichte dem Titelhelden Gilgamesch von seinem Stammvater Utnapischti erzählt wird: Der Rat der Götter hatte die große Flut beschlossen, um die sündige Menschheit zu bestrafen. Einer der Götter jedoch, Ea, benachrichtigte seinen Schützling Utnapischti von der bevorstehenden Gefahr und befahl ihm, ein Schiff zu bauen und seine Familie und alle möglichen Tierarten unterzubringen. Kaum hatte Utnapischti den Schiffsbau vollendet, da brach eine so furchtbare Überschwemmung herein, daß selbst die Götter Furcht bekamen und sich in den Himmel flüchteten, wo sie sich ängstlich zusammenkauerten. Als der Wasserstand der Flut wieder fiel, blieb die Arche an einer Gebirgsspitze hängen. Utnapischti sandte zuerst eine Taube, dann eine Schwalbe aus, um Land zu erkunden; doch beide kehrten unverrichteter Dinge wieder zurück. Erst als ein ausgesandter Rabe nicht mehr wiederkam, wagte es Utnapischti, das Schiff zu verlassen und auf der Bergspitze ein Dankopfer darzubringen.[5]

Die fast wörtliche Parallele zum Bericht der Bibel hat in der Vergangenheit viel Anlaß zu Spekulationen gegeben. In unserem Zusammenhang muß erwähnt werden, daß Astrologen im *Gilgamesch-Epos* den kompletten Tierkreis wiedererkannt haben wollen, so z.B. Julia und Derek Parker, die sich auf die einzelnen Etappen von Gilgameschs Heldenreise beziehen:

«Jedes seiner zwölf Abenteuer bezieht sich auf ein Tierkreiszeichen: Im Zeichen des Skorpions trifft er auf einen Skorpion-Mann, gelangt im Steinbock an die «Wasser des Todes», befragt im Stier ein Halb-Mensch-halb-Stierwesen, Ea-bani genannt, und in der Jungfrau macht die Göttin Ischtar ihm einen Heiratsantrag. Beim Anhören dieser Geschichten lernten die Babylonier, auch ihr eigenes Leben als eine Suche nach der Unsterblichkeit anzusehen, parallel mit der des Sonnengottes auf seiner Reise durch die Sternbilder.»[6]

In Wirklichkeit waren damals die Tierkreis*zeichen* noch gar nicht bekannt, sondern nur einzelne Tierkreis*bilder*. Zudem trugen sie teilweise andere Namen als von Parker behauptet: Die Jungfrau hieß «Ähre» und der Steinbock «Ziegenfisch». Obwohl das *Gilgamesch-Epos* eine ganze Reihe von astrologischen Anspielungen enthält, so müssen die Dinge doch differenzierter gesehen werden. Franz Boll und Carl Bezold fassen die Fakten wie folgt zusammen:

«Hingegen weist das *Gilgamensch-Epos* bestimmt auf nur elf Bilder, indem wie aus Scholien astrologischer Inschriften hervorgeht, die Waage in alter Zeit, wie vielfach noch von den Griechen, als die Scheren («Hörner») des Skorpions betrachtet wurde. Und selbst noch in einem *neu*babylonischen, im übrigen die geläufigen Tierkreiszeichen enthaltenden Lehrtext werden für den Monat Ijar (April, genauer April-Mai) neben dem Stier noch die Plejaden und im Monat Sivan (Mai-Juni) neben den Zwillingen noch Orion angegeben, während astrologische nach allen Tierkreiszeichen *geordnete* Inschriften bis jetzt völlig fehlen.»[7]

Bei den Sumerern können wir die Berücksichtigung einzelner Tierkreisbilder, die Beobachtung der Planetenbewegungen und die Einteilung der Welt in vier Regionen als Vorstufen zur Astrologie betrachten. Wie wir schon im Kapitel über die Sonne gesehen haben, bestimmt die Sonnenstellung bei Aufgang, Kulmination, Untergang und ihr Fehlen im Norden die vier Himmelsrichtungen; später im Horoskop entwickelten sich daraus die vier Achsenpunkte Aszendent, Himmelsmitte, Deszendent und Himmelstiefe. Desweiteren ist die Zahl Vier verbunden mit den Stationen der Sonne in ihrem Jahreslauf: Frühlingsgleiche, Sommersonnenwende, Herbstgleiche und Wintersonnenwende. Da den Sumerern diese Vierteilung bekannt war, ist es durchaus vorstellbar, daß sie anfangs die Bahn der Sonne in vier große Sternbilder einteilten. Wenn diese Vermutung stimmt, dann war der erste Sonnen-Tierkreis ein Vier-Bilder-Kreis.

Was die Ausarbeitung eines Kalenders betrifft, so berücksichtigten die Sumerer sowohl den Sonnen- als auch den Mondzyklus für ihre Einteilungsweise; sie schufen das sogenannte «lunisolare» Jahr: zwölf Monate entsprachen grob gerechnet einem Jahr, wobei bei zwölf Perioden zu jeweils 29 bzw. 30 Tagen am Ende ein gewisser Rest blieb, den man mit Schaltungen in den Griff bekam.[8]

2. *Das Leberhoroskop*

Um 2350 v. Chr. fiel das Reich der Sumerer zusammen. Sargon I. erhob sich gegen den letzten sumerischen Herrscher, König Lugalzaggesi, und gründete das Reich von Akkad.

Um für den Leser die historischen Zusammenhänge nicht weiter zu komplizieren, wollen wir im folgenden die einzelnen Epochen und Dynastien im Zweistromland nicht weiter unterscheiden und von «Babylon» sprechen. Nach verschiedenen Fremdbesetzungen gab Alexander der Große im Jahre 331 v. Chr. Babylon den endgültigen Todesstoß. Doch selbst die noch spätere Seleukidenzeit, benannt nach König Seleukos, wird in astrologiegeschichtlichen Darstellungen unter «Babylon» behandelt, was unter geographischem Blickwinkel auch gerechtfertigt ist.

Bevor wir uns mit den astrologischen Praktiken der Babylonier vertraut machen, müssen wir uns einen entscheidenden Unterschied zur benachbarten Hochkultur der Ägypter bewußt machen: In Babylon ist das Individuum unbekannt! Die Gesellschaft und der Staat bedeuten alles, der einzelne nichts. Nur so läßt sich verstehen, daß erst in den letzten Jahrhunderten v. Chr. eine Individualastrologie entstehen konnte.

In Babylon gab es kein einziges Bildwerk, das das Porträt eines einmaligen Menschen war, und kein einziges babylonisches Gesicht, das eine Gefühlsregung ausdrückte. Vielleicht jedoch stellten die Menschen ihre Gefühle indirekt dar? Egon Friedell schreibt in seiner Kulturgeschichte:

«Die Löwen sind manchmal im Schmerz der Verwundung ergreifend gestaltet und die Stiere haben bisweilen ein eigenes Antlitz. Die Seele Mesopotamiens lebte im Tier. Die heraldischen Wesen unserer Münzen, Wappen und Fahnen, seltsame Gebilde einer dumpfen und drohenden Phantastik, sind ein letzter Gruß aus dieser fremden, dunklen Welt. Ein Wildstier und Wüstenlöwe, prächtig und fürchterlich, machtvoll daherbrüllend, aber dem Tode entgegen: das ist das Sinnbild und mehr als das Sinnbild der Menschheit zwischen dem Persischen und dem Mittelländischen Meer.»[9]

Ferner waren für die Babylonier kennzeichnend ihr Dämonenglaube und überhaupt ihr magisches Weltverständnis. Die Priester wurden eingeteilt in Magier bzw. «Beschwörer» und «Seher». Die vielen Dämonen wohnten in der Unterwelt oder in der Wüste; die Aufgabe des Beschwörers war es, sie wieder dorthin zurückzutreiben. Sie waren die Ursache aller Krankheiten unter Mensch und Tier, der Dürre, des Unwetters, der Impotenz, der weiblichen Unfruchtbarkeit. Jeder Körperteil stand unter der Macht eines bestimmten Dämons. Ihr Regiment begann in der Nacht, und ihre Zahl war die Sieben. Da sich jedoch jedes Ereignis zu gleicher Zeit einmal im Himmel und einmal auf der Erde vollzieht, waren es zweimal sieben.

Zu den bösen Mächten wurden auch die Geister der Toten gerechnet. Wenn man ihnen nicht regelmäßig opferte, vor allem Wasserspenden, so mußten sie ruhelos umherirren und rächten sich für diese Vernachlässigung. Jene Schattengeister ernährten sich von den auf die Straße geworfenen Abfällen. Das größte Unglück war es deshalb, ohne Angehörige zu sterben; der Kinderlose suchte dies durch Adoption zu verhüten.

Gegen die schlimmen Wirkungen der Schwarzen Magie schützte man sich mit Vorliebe durch symbolische Handlungen: Der Priester blies Spreu weg, riß Datteln ab, löste Knoten, oder er opferte Brust, Hals oder Kopf eines Tieres für den entsprechenden erkrankten Körperteil eines Menschen. Auch die Technik des «Abrakadabra» war den Babyloniern vertraut: Zu einem boshaften Geist sagte man Worte wie «Kri rischti libiki la libi pisch; sa nazisch pischti anzischti», doch wie oft und in welcher Reihenfolge diese Beschwörungsworte zu rezitieren waren, wußte nur der Magier; seine Dienste wurden von jedermann in Anspruch genommen, egal ob er Baumeister, Händler, Bauer, Schankwirt oder Prostituierte war.[10]

Für die Suche nach geeigneten Omen waren die «Seher» verantwortlich. Da der astrologische Zodiak (12×30 Grad) und eine systematische Horoskoptechnik erst in spätbabylonischer Zeit erfunden wurden, konnten als Omen nur allgemeine Himmelserscheinungen in Frage kommen. Um die Natur der Omen besser zu verstehen, wollen wir uns zunächst jedoch mit den irdischen Omen beschäftigen. Prinzipiell konnte jedes Ereignis in der Außenwelt eine geheime Botschaft bereithalten: Der Biß einer Schlange, das vermehrte Auftreten einer Tierart oder deren unkonventionelles Verhalten, Rauchzeichen, Dinge, die dem König während seiner letzten Wagenfahrt begegnet waren, Träume, Ablagerungen in den Flüssen Euphrat oder Tigris, die Beziehungen zwischen Mann und Frau...

Man achtete sogar auf die Farbe und den allgemeinen Zustand des Haares, die Ohren von kranken Männern und das Verhalten von Hunden:

«Wenn ein gelber Hund den Palast betritt, wird es innerhalb seiner Mauern Zerstörung geben. Wenn ein gescheckter Hund hereinkommt, dann wird der König jenes Palastes mit seinen Feinden Frieden schließen. Wenn ein Hund hereinkommt und irgend jemand tötet ihn, wird der Palast kein friedliches Leben mehr führen können. Wenn ein Hund hereinkommt und sich auf ein Bett legt, dann wird keine feindliche Macht den Palast einnehmen können. Wenn ein Hund hereinkommt und sich auf einen Thron legt, wird der Palast in eine fürchterliche Zwangslage geraten.»[11]

Ein weiteres Omen bezieht sich auf einen Hausbesitzer: «Wenn man ein Schwein sieht, das mit Blättern im Maul in sein Haus eindringt, dann...» Die weiteren Konsequenzen sind uns leider nicht bekannt. Prognosen aus solchen Alltagsumständen zu ziehen, war nicht nur in Babylon üblich. Es scheint sich hier um allgemeinmenschliches Verhalten zu handeln. In Charles Dickens *Old Curiosity Shop* lesen wir über einen gewissen Herrn Swiveller: «Während er an der Post bei der Straßenkreuzung stand, hatte er ein Schwein bemerkt, das mit Stroh im Maul aus einem Tabakladen gekommen war. Aus dieser Erscheinung schloß er, daß es eine weitere Woche regnen würde.»[12]

Besonders beliebt war nun die Omendeutung an Hand von Himmelsphänomenen. Sehr gefürchtet waren Finsternisse. Ein Text aus der Bibliothek König Assurbanipals bei Ninive zeigt, daß man mit der genauen Berechnung solcher Finsternisse noch große Probleme hatte. Außerdem sprach man schon bei bloßen atmosphärischen Verdunkelungen von «Finsternis», was zusätzlich die mißglückten Ankündigungen dieser Himmelserscheinung erklären mag:

«Am 13. Tag und in der Nacht zum 14. Adaru veranstalteten wir eine Beobachtung. Doch fand keine Finsternis statt. Siebenmal bin ich aufgestanden, aber keine Finsternis fand statt. Den Bericht werde ich an den König senden. Von Tabu sil Marduk.»[13]

In einem weiteren Text werden wir Zeuge, wie taktisch geschickt sich ein Astrologe seinem Herrscher gegenüber äußerte:

«Wenn eine Finsternis eintritt, in der Hauptstadt aber nicht bemerkt worden ist, so wird sie als nicht eingetreten erachtet. Die Hauptstadt ist immer die Stadt, in der sich der König gerade aufhält. Nun waren überall Wolken: so wußten wir also nicht, ob die Finsternis eingetreten war oder nicht. Der Herr aller Könige muß nach Assur und an alle Städte wie Babylon, Nippur, Uruk und Borsippa schreiben. Möglicherweise wurde sie in diesen Städten gesehen [...] Ich habe Eurer Majestät schon alles über die bösen Vorzeichen einer Finsternis, die in den Monaten Adaru und Nisanu eintrat, geschrieben. Und was die bannenden Rituale betrifft zum Austreiben des Bösen, die schon für die Finsternis durchgeführt werden, welchen Schaden können sie schon anrichten, selbst wenn keine Finsternis aufgetreten ist? Es ist doch von Vorteil, die Rituale durchzuführen. Deshalb sollte der König die Ritualmeister nicht fortschicken. Die großen Götter, die in der Stadt Eurer Majestät leben, haben den Himmel dicht verhüllt und die Finsternis nicht gezeigt. Das sollte der König wissen: Die Finsternis steht in keinem Fall in Beziehung zu Eurer Majestät oder Eurem Land. Darüber sollte der König glücklich sein...»[14]

Nach der Vorstellung, daß alles Irdische im Himmlischen abgebildet ist und umgekehrt, glaubten die Babylonier den in den Himmelskonstellationen ausgedrückten göttlichen Willen in ausführlicher Weise in den Innereien (besonders Leber) geschlachteter Opfertiere ablesen zu können. So kam es zur Benennung von Lebertälern und -bergen mit Bezeichnungen aus der Sternenwelt. Wir dürfen hier mit Recht vom ersten Horoskop, dem ‹Leberhoroskop›, sprechen, das viele Ähnlichkeiten mit der Chiromantie (Handlinienlesen) aufwies. Auch in der Handlesekunst werden bestimmte Zonen mit Planetennamen bezeichnet, z. B. Mondberg oder Merkurfinger.

Warum jedoch war gerade die Leber den Babyloniern so wichtig? Viele Völker sahen in ihr den Sitz der Lebenskraft. In Babylon galt sie zudem als Ort der Gefühle. Wut, Kummer, Freude und Liebe sah man dort beheimatet. Diese Vorstellung hat sich bis in unsere Zeit hinein erhalten, so z. B. wenn wir jemanden fragen: «Ist dir eine Laus über die Leber gelaufen?» In der Dichtung von der Höllenfahrt der Venus-Göttin Ischtar lesen wir: «Deine Leber wird sich aufheitern.»

Der Leberdeuter trug in Babylon den Namen Baru. Damit er bei der Divination keine Fehler machte, mußte er streng festgelegte Rituale durchführen. In erster Linie suchte der Baru in der Leber Analogien. In all ihren Strukturen entsprach die Leber dem Makrokosmos des Himmels und dem Mikrokosmos der Erde und des Menschen. Deswegen wurden ihre Details als Stern, Fluß, Palasttor, als Ohr, Finger, Bein, Zahn und Gebärmutter der Leber bezeichnet.[15] Ferner wurde die Leber in sechzehn Himmelsbezirke eingeteilt, denen einzelne Götter vorstanden.

Für die Deutung wurden extrem viele Beschaffenheitsmerkmale berücksichtigt, von denen hier nur einige aufgezählt werden sollen: groß, klein, trocken, feucht, abnormale Schwellungen, gebogen, Wülste, Farben usw. War die Leber beispielsweise sehr lang, bedeutete dies den Sieg über den Feind. Das Wort für Länge und Sieg war bezeichnenderweise identisch! War die Leber dagegen klein, mußte man mit einer Niederlage rechnen.

Trotz solcher allgemeinen Regeln war die Leberdeutung eine sehr komplexe Prozedur – ähnlich wie später die genaue Ausdeutung des Geburtshoroskops. Letztlich konnte ein erkanntes Merkmal immer nur im Zusammenhang mit den anderen interpretiert werden. So konnten sich z. B. zwei Zeichen ergänzen, doch ein drittes, hinzukommendes veränderte die Auslegung zuweilen völlig. Dennoch gab es für viele Befragungen eine Liste von ungefähr zwanzig wichtigen Zeichen, die man untersuchen mußte. Waren die meisten positiv, so hatte der Gott eine bejahende Antwort auf die Frage gegeben. Wenn die Antwort «nein» lautete, mußte dies aber noch nicht das Ende der Dinge bedeuten: Man arrangierte einfach eine neue Befragung! Vorher allerdings wurden noch einige Rituale zelebriert, um die Götter gnädig zu stimmen.

Je nachdem wie die Befragungen ausgingen, konnte sich mit den Göttern ein regelrechtes «Verhandlungsmarathon» ergeben... Wiederholte Befragungen ergaben sich automatisch, wenn die erste Analyse kein klares Bild ergab. Ein weiterer Sonderfall war eine Leber, die auffallende Anomalien aufwies. Dies konnte natürlich nichts Gutes bedeuten: Man erwartete ein soziales Ungleichgewicht und einen Konflikt im Machtzentrum des Staates.[16]

Die Themen der Leber-Divination betrafen zum großen Teil Staat und Gesellschaft: militärische Unternehmungen, Waffengattungen, die Einnahmen einer Stadt, Prognosen über Regen und Überschwemmungen der Flüsse, das Wohlergehen des Königs, manchmal aber auch die Erfüllung eines Wunsches oder die Krankheit eines Menschen, Anwendung einer bestimmten Medizin oder die Geburt eines Kindes. Diese letzteren individuellen Fragen betrafen jedoch zum einen nur hochgestellte Persönlichkeiten, und zum anderen waren sie oft – im selben Orakel – mit Staatsangelegenheiten direkt verknüpft. Der «Normalbürger» konnte sich schon aus materiellen Gründen keine Schafherde zur Erkundung des göttlichen Willens halten. Er war mehr auf die schon anfangs erwähnten einfacheren Omen aus dem Alltag angewiesen. Speziell in medizinischen Fragen jedoch wurde das Leberorakel zuweilen auch für breitere Kreise durchgeführt.

Krankheiten wurden nicht nur als eine Folge von Dämonenangriffen verstanden, sondern als eine göttliche Strafe für sündhaftes Verhalten. Doch nicht nur aus diesem Grund war die Leberbefragung in all ihren Schritten von innigen Hymnen an die Götter begleitet; um die Zukunft zu erfahren, war man auf die Präsenz der Götter angewiesen. Der Baru sollte in all seinen Schritten von der göttlichen Inspiration geleitet sein.

Bei wichtigen Orakeln war es üblich, einen Lehmabdruck von der Leber zu nehmen. Während die Leber in der Hitze nur wenige Tage frisch blieb, war das Lehmmodell immer verfügbar. Aus Keilschrifttexten wissen wir, daß manchmal solche konservierten Leberhoroskope von Stadt zu Stadt geschickt wurden, um die Meinung der Deutungsexperten einzuholen – ähnliches geschah später auch mit den astrologischen Horoskopen.

Wie Vergleiche zwischen etruskischen und babylonischen (genauer: assyrischen) Lebermodellen gezeigt haben, scheint es eine enge Beziehung zwischen diesen Kulturen gegeben zu haben. Auf Lehmabdrükken beider Regionen sieht man senkrechte Einschnitte im linken Leberlappen. Nachgewiesen ist das Leberorakel auch für Griechenland; allerdings nahm es dort nicht eine so wichtige Stellung ein wie im Zweistromland. Einige griechische Ausdrücke für die Leberinterpretation sind aber zweifelsohne aus der Tradition der Babylonier übernommen worden.

In bezug auf die Astrologie fällt die Einteilung der Leber nach den «vier Ecken» (Himmelsrichtungen) auf. Die wichtigsten Götter waren immer im Osten der Leber beheimatet. Ganz ähnlich haben die Astrologen den im Osten aufgehenden Fixstern oder Planeten, den «horoskopos», als den bedeutendsten himmlischen Faktor angesehen. Auch der Westen als Untergangsort der Sonne galt sowohl den frühen Astrologen als auch den Leberdeutern als «Todeszone». Desweiteren wurden nicht nur einzelne Sternenkonstellationen in der Leber wiederentdeckt, sondern auch Himmelsphänomene wie Blitz, Hagel und andere Wetterzeichen, die für die Frühform der Astrologie ebenso von Bedeutung waren.

Eine weitere Einteilung der Leber sah auf die linke und auf die rechte Hälfte. Analog dem rechtläufigen Sonnenlauf galt rechts als gut und links als schlecht.[17] Wie die Beispiele zeigen, ist die Leberdivination eng mit den Himmelsphänomenen und damit auch mit der Astrologie verknüpft. Nach Jack Lindsay schuf die Leberschau geradezu die idealen Voraussetzungen für die Entwicklung einer komplexeren Astrologie.[18] Die Ähnlichkeiten zwischen der Leberaufteilung und -deutung und der Horoskopeinteilung und -deutung sind in der Tat frappierend. Von einer Wesensidentität zu sprechen, wäre aber wohl falsch, weil sich einige strukturelle Unterschiede nicht übersehen lassen. Allerdings läßt sich nicht leugnen, daß bei einer vergleichenden Analyse verschiedener mantischer Systeme wie Vogelflug, Blitzorakel, Leberschau und Sternenschau immer wieder ähnliche Deutungskriterien auftauchen.

Lindsay faßt die Beziehungen zwischen Astrologie und Leberorakel wie folgt zusammen: «[...] die Mesopotamier benutzten eine ähnliche Form des imaginativen Tagtraums und der systematischen Raumaufteilung in bezug auf den Himmel als auch auf die Eingeweide von Opfertieren.»[19] Des weiteren unterstreicht Lindsay das in der Astrologie und in der Leberschau gemeinsame Anliegen, die Zeitstruktur eines Augenblicks zu erfassen. Der babylonische Wahrsager empfand, «wie im Augenblick des zustechenden Opfermessers, das Opfer in einer Art von kosmischem Donnerschlag mit dem ganzen Kosmos verbunden wurde: Die Innereien des Opfers reflektierten die Struktur des Ganzen während eines gegebenen Augenblicks.»[20]

Lindsay äußert hier eine Meinung, die wir vorher schon bei C. G. Jung angetroffen haben: Die Astrologie ist ein System zur Erfassung der Qualität der Zeit. Ob die «Sterne» dabei in der Leber, in der Anordnung von Schafgarbenstengel (chinesisches I-Ging-Orakel) oder direkt am Himmel gedeutet werden, ist zweitrangig.

So blutig uns die hier beschriebene frühe Form von Astrologie auch erscheinen mag, so wichtig war ihre Rolle in bezug auf die Geburt des wissenschaftlichen Denkens. Die vermutlich beim Schlachten der Tiere vorhandenen Schuldgefühle zwangen die Babylonier – damit man die Opferzahl in Grenzen halten konnte –, bei der Divination so exakt und minutiös wie nur möglich zu verfahren. Dieses analytische Vorgehen war zwar mit irrationalen Vorstellungen durchtränkt, doch mindert das nicht die sich für den Intellekt ergebende Schubkraft. Der Intellekt war verzweifelt darum bemüht, alles Material, dessen er habhaft werden konnte, in bezug auf eine Sicherung des Lebens zu verwerten.

Ohne jene «Phantasien» und «Einbildungen», die reale psychische Zustände widerspiegeln, hätte es gar keinen Handlungsimpuls gegeben. Die Herausbildung des Intellekts war geradezu angewiesen auf die Gefühlsintensität des Irrational-Psychischen. Die Wurzeln der Wissenschaft liegen demnach in dem zwingenden Bedürfnis, Omen zu erkennen und nach bestimmten Regeln zu deuten.

Jenes zwingende Bedürfnis entstand aus Lebensängsten, wie z. B. der

Angst vor Dämonen. In der psychologischen Perspektive sind Dämonen unkontrollierbar auftretende Produkte des Unbewußten. Indem der Mensch seine im Unbewußten schlummernden Prozesse in den Himmel oder in das Organ eines Tieres projizierte, bestand die Chance, es – zumindest ansatzweise – in einer intellektuellen Form auszudrücken. Jene Form entwickelte sich zu einem Korrespondenzsystem Mensch/Kosmos bzw. Mensch/Mikrokosmos. Je verfeinerter das Korrespondenzsystem war, desto weniger empfand sich der Mensch als Spielball des Schicksals: Im «Verhandeln» mit den Göttern wertete er sich auf. Wer wollte bestreiten, daß Wissenschaft im letzten Kern immer dazu gedient hat, unser Leben sicherer zu machen und die Beziehungen zwischen Mensch, Natur und Kosmos zu erklären? – So wie man damals das Schicksal der Welt unkritisch in die Hände von Orakelpriestern legte, so vertraut man heute kritiklos auf die moderne Naturwissenschaft, die uns ebenso fleißig mit «Mythen» füttert.

Als Beispiel dafür, wie die Schau von Innereien und die Astrologie aufeinander bezogen waren und sich praktisch in der Deutung ergänzten, sei eine Episode aus der Zeit König Nabonids (555–539) erwähnt. Nabonid erwog in Anknüpfung an ältere Traditionen, eine Priesterin für den Mondgott einzusetzen. Für ein solch wichtiges Unterfangen war es natürlich notwendig, sich vorher der göttlichen Zustimmung zu vergewissern. Der Text beginnt mit der Beschreibung einer morgendlichen Mondfinsternis im Monat Elul. Dies deutete man als Zeichen dafür, daß der Mondgott tatsächlich eine Priesterin haben wollte. Da man sich auf dieses Zeichen allein nicht verlassen wollte, wurde auch ein Schaf geschlachtet und dessen Innereien gedeutet. Wie sich herausstellte, waren zwei Bläschen der Galle schwarz und lagen übereinander; man erkannte hierin die am Himmel geschaute Finsternis wieder. Ferner interpretierte man das Ergebnis dahingehend, daß der Mondgott mit der Priesterin «kopulieren» wolle. Nach dieser Bestätigung wurden dann noch zwei weitere Opfertiere geschlachtet, um die Person der Priesterin zu bestimmen.

Warum nun war es gerade Mesopotamien, das schon in so früher Zeit komplizierte Korrespondenztheorien entwickelte und nicht eine andere Hochkultur? Vielleicht hat es mit der geographischen Lage zu tun. Permanent mußte man von allen Seiten mit feindlichen Angriffen rechnen; desöfteren hatten diese Angriffe Erfolg, so daß es zu Fremdbesetzungen kam. Zudem bewirkte der schnelle Wechsel der Dynastien eine gewisse soziale Instabilität.

Auch die schon beschriebene Angst vor Dämonen tat das Ihrige, um wenigstens im religiös-magischen Bereich eine Absicherung für den Alltag finden zu können. Die Omentechniken hatten die Aufgabe, dem Mensch zwischen Kosmos und Erde seine Aufgabe zuzuweisen. Die zentrale Vermittlungsinstanz zwischen der Politik und dem Göttlichen war dabei die Priesterschaft. In den sehr weltoffenen Handelsstädten Babylons sicherten sie sich schnell eine machtvolle Position. Der «Tempel» war der größte Grundbesitzer im Lande, und durch seine vielen tausend Beamten war er auch im Bankwesen beherrschend: Die Priesterschaft gewährte Hypotheken und Vorschüsse, vermittelte Käufe und Pachtgeschäfte und nahm auch Vertragsurkunden in Verwahrung. Nicht selten stand der königliche Hof völlig unter seinem Einfluß.[21]

Wie diese Priesterschaft mit der Astrologie umging, sie weiterentwickelte und welche Formen der Astrologie es noch gab, wollen wir in den nächsten beiden Abschnitten erkunden.

3. *Götter und Planeten*

Ähnlich wie bei den Sumerern gab es auch in Babylon zwei wichtige Göttertriaden. Die wichtigsten Götter entwickelten sich zum Teil direkt aus ihren sumerischen «Vorfahren». Man unterschied in Babylon Anu (Himmel), Enlil (Sturmgott und König der Länder) und Ea (Wasser- und Weisheitsgott) auf der einen Seite und Schamasch (Sonnengott), Sin (Mondgott) und Ischtar (Venusgöttin) auf der anderen Seite.

Trotz der Dominanz dieser Triaden konnten manchmal auch die Planeten in den Vordergrund rücken. Die Präambel eines wichtigen politischen Vertrages aus dem 7. Jahrhundert v. Chr. beginnt mit den Worten:

«In der Gegenwart der Gestirne Jupiter («Sul.pa.ud.du», d. h. der Aufstrahlende), Venus («Dilbat», d.h. die Verkünderin), Saturn («Kaimanu», d. h. der Beständige), Merkur («Gud.ud», d. h. der Springende), Mars («Dal.bat.a.nu» – Übersetzung unklar), Sirius und in Gegenwart der Götter Assur, Anu, Enlil, Ea, Sin, Schamasch, Adad, Marduk, Nabu [...], Ischtar von Ninive, Ischtar von Arbela [...].»[22]

Der Text zeigt deutlich die Unterscheidung zwischen Planeten (bzw. Fixsternen) und den Göttern, die sie bewohnen, nicht aber identisch mit ihnen sind. So wird z. B. die der Venus zugeordnete Göttin Ischtar als Stadtgöttin von Ninive und Arbela gleich zweimal erwähnt.

Die beiden Triaden, die vier übrigen Planeten, der assyrische Gott Assur (ursprünglich der Stadtgott Assurs) und der Regengott Adad bildeten lange Zeit eine Zwölferfolge, die den zwölf Monaten vorstand. Wie die Sonne, der Mond und die Planeten im einzelnen den Göttern zugeordnet wurden, wollen wir uns nun genauer anschauen.

Sonne und Mond traten nach Franz Boll unmittelbar in den Dienst der Astrologie.[23] Die Sonne wurde als Licht- und Lebensprinzip erkannt, aber auch als Gefahr des Versengens und Verdorrens im Sommer. Obwohl die Babylonier schon relativ frühzeitig den «Weg der

Sonne», d.h. die Ekliptik[24] erkannten und die Veränderung des Aufgangsortes im Jahreslauf registrierten, war ihnen der Mond, jenes «Gebilde der Nacht», das wichtigere Gestirn.

Das Erscheinen des ersten Neumondlichtes wurde sofort zu einer ausführlichen Lichtuntersuchung genutzt – ebenso wie dies bei anderen Mondphasen der Fall war. Das Leuchten der Mondhörner durch die Wolken und ihre Stellung zum Horizont (der Mond erscheint im Zweistromland «liegender») ergaben ein Omen; desgleichen wurden auch der Hoch- und Tiefstand am Himmel sowie sein schwaches oder wechselndes rotes, gelbes oder weißes Licht für die Interpretation berücksichtigt. Besonderer Wert wurde in Babylon, wie in vielen anderen Kulturen auch, auf die Beobachtung der Mondhöfe und auf Verdunkelungen gelegt. Einfache oder doppelte Mondhöfe mit oder ohne scheinbare Öffnung im Hofring hatten je nach der Himmelsrichtung ihrer Erscheinung oder nach dem jeweiligen Monat oder nach der Art von Wolken, die sich dem Mond näherten, oder schließlich nach dem Eintritt von Planeten oder Fixsternen in den Hof verschiedene Bedeutungen.

Wie schon erwähnt, fielen unter die «Finsternisse» sowohl atmosphärisch bedingte Lichteintrübungen als auch astronomisch verursachte Verdunkelungen; für die astrologische Deutung machte dies erst in der Spätzeit einen Unterschied. Verfinsterungen des Mondes wurden allgemein als unglückbringend gewertet: «Wenn am 14. Sivan (Mai/Juni) eine Mondverdüsterung eintritt und der 4. Wind (d.h. Ostwind) weht, wird... Feindschaft herrschen; es wird Tote geben.» Ob die Verfinsterung tatsächlich eintrat, ist leider nicht überliefert. Wichtig bei Mondbeobachtungen waren auch gesichtete «Kronen»:

«Wenn der Mond beim Neulicht eine weiße Krone trägt, wird der König die Oberherrlichkeit (über andere Völker) haben; in der Tat wurde er (der Mond) am 1. Tage (so) beobachtet.»[25]

In den meisten Fällen wurde der Mond als ein freundliches Gestirn angesehen: «Wenn ein Kind geboren wird, während der Mond aufgeht, so ist sein Leben glänzend, glücklich, richtig und lang.»[26]

Als Gott residierte Sin auf dem Mond. Sein Symbol war eine liegende Mondsichel, die an ein Boot erinnert – sein Name «glänzendes Boot des Himmels» ist deshalb verständlich. Oft betrachtete man auch die Mondsichel als «Hörner» und redete Sin als «Stier» an.

Der Sonnengott trug den Namen Schamasch. Während des Tages sieht er alles, weswegen er auch der Gott des Rechts war. Sein Symbol ist die Sonnenscheibe mit einem vierzackigen Stern und davon ausgehenden Strahlen. Meist wird er als König auf einem Thron sitzend dargestellt. Wie viele andere Sonnengötter auch, wandert Schamasch nachts in die Unterwelt und bringt den Toten Licht und Nahrung.

Ähnlich wie beim Mond wurde auch bei der Sonnenbeobachtung Wert auf die Charakteristika des Lichts gelegt. War etwa der Glanz der Sonne bei Aufgang oder Untergang weiß, gelblich, rot oder schwärzlich? Leuchtete sie stark oder schwach? Erinnerte sie den Beobachter an eine Fackel oder ein Feuer? War das erste Drittel der Sonnenscheibe heller oder dunkler als die beiden folgenden Drittel? Gab es mittags Verdunkelungen? Zur astrologischen Deutung wurden diese Erscheinungen mit anderen Beobachtungen verbunden. Wichtig war auch die Gleichzeitigkeit bestimmter Sonnen- und Mondzeichen. Selbstverständlich waren auch Sonnenfinsternisse von herausragender Bedeutung.[27]

Wichtig für die astrologische Praxis war ferner das Prinzip der Gestirnvertretung, wonach unter bestimmten Bedingungen ein Himmelskörper einen anderen ersetzen konnte. So wurde z.B. die untergegangene Sonne am Nachthimmel vertreten durch Saturn. Noch die Griechen nannten Saturn «Stern der Sonne», bevor sie ihn später «Kronos» tauften. An solchen Beispielen läßt sich auch die Abhängigkeit der frühen griechischen Astrologie von Babylon veranschaulichen.

In der spätbabylonischen Astrologie, in der Seleukidenzeit, bestand die einfachste Form der auf den Menschen bezogenen Schicksalsdeutung in der Beachtung des aufgehenden und des untergehenden Himmelskörpers. Nicht nur Sonne, Mond und Planeten wurden hier einbezogen, sondern auch die Fixsterne, besonders Sirius. In einer Prognose heißt es beispielsweise: «Wenn der Sirius an einer wichtigen Stelle steht, wird das Kind nicht auf dem Meere sterben.»

Eine interessante Darstellung über die spätbabylonische Astrologie gibt uns der griechische Geschichtsschreiber Diodoros von Agyron:

«Sie lehren, daß alles, was im Himmel vorfalle, nicht zufällig oder mechanisch geschehe, sondern nach bestimmter und fest beschlossener Entscheidung. Über die Gestirne haben sie uralte Beobachtungen angestellt und sind die besten Kenner und Beobachter eines jeden, wonach sie viel von dem zukünftig Geschehenden voraussagen können. Die größte Anschaulichkeit und Kraft finden sie aber bei den fünf sogenannten Planeten, welche sie mit gemeinsamen Namen ‹Verkünder› (Dolmetsch des göttlichen Willens, Befehlsübermittler) nennen. Sie nennen sie so, weil sie im Gegensatz zu den übrigen, die unbeweglich sind und nur eine festbestimmte Umdrehung haben, allein ihren eigenen Weg gehen und so die Zukunft erkennen lassen, indem sie den Menschen die Absicht der Götter verdolmetschen. Denn durch Auf- und Untergang sowie durch ihre Farbe verkündeten sie denen, die darauf achteten, die Zukunft.»[28]

Unter den Planeten spielte traditionell die Venus eine herausragende Rolle; in ihr residierte Ischtar, die Tochter des Mondgottes Sin. Während die Sumerer die Identität des Morgen- und Abendsterns vermutlich noch nicht erkannten, war den Babyloniern wahrscheinlich ab 2000 v. Chr. diese Tatsache bekannt. Als Abendstern war Ischtar die Göttin der Liebe, der Vegetation und der Heilung. Als Morgenstern erschien sie zuweilen als männlicher Kriegsgott – trotz der erkannten Identität!

Die ältesten Aufzeichnungen über Planetenbewegungen beziehen sich auf die Venus (1970 v. Chr.):

«Wenn Venus am 6. Abu im Osten steht, so wird es Regengüsse vom Himmel geben; Zerstörung wird es geben. Bis zum 10. Nisan steht sie im Osten; am 11. Nisan verschwindet sie; drei Monate bleibt sie am Himmel aus; am 11. Duzu leuchtet Venus im Westen wieder auf. Dann wird es Feindschaft im Lande geben, aber die Feldfrucht des Landes wird gedeihen.»[29]

Aus dem Text läßt sich schließen, daß der Priesterastrologe recht genau wußte, wann die Venus an welcher Stelle des Himmels erscheinen würde. Ihm war demnach schon einiges über die Planetenbewegungen aus früheren Aufzeichnungen bekannt! An Hand von Ereignissen, die irgendwann bei bestimmten Venusstellungen beobachtet worden waren, machte der Astrologe nun seine Prognose. Ohne Zweifel sind die Anfänge eines astrologischen *Systems* mit den Planetenbeobachtungen verbunden. Obwohl viele Tierkreisbilder selbst den Sumerern schon bekannt waren, war man in jener Zeit von der Erfindung des Tierkreiszeichenringes (12×30 Grad) noch weit entfernt.

Wie bei Sonne und Mond wurde auch bei der Venus das Licht detailliert gedeutet. Wenn die Venus in einen Mondhof trat oder sich einem der anderen Planeten näherte, war dies von großer Bedeutung. In der Gesellschaft von kleineren Fixsternen wurde die Venus zu deren «Herrscherin», indem sie sie «zu sich nahm». Sie vertrat auch eine Reihe von Sternbildern, so z. B. Lyra (Wega) und Virgo bzw. Spica, aus dem später das Tierkreisbild Jungfrau wurde. Nach Angaben eines astrologischen Lehrtextes waren solche Vertretungen auf bestimmte Monate beschränkt.[30]

In bezug auf die übrigen Planeten ist die Quellenlage leider weniger ergiebig als bei der Venus. Über den Planeten Merkur herrschte der Gott Nabu. Er ist der Sohn des babylonischen Schutzgottes Marduk. Nabus Attribut ist der Schreibgriffel, mit dem er die guten und die schlechten Taten der Menschen aufzeichnet.

Schon früh erkannten die Babylonier, daß Merkur verschwindet und wieder auftaucht «wie ein Lebewesen». Sowohl die Reaktionsschnelligkeit als auch die Affinität zu allem Kommunikativen (Schreiben, Reden u. a.) ist noch heute die astrologische Grundbedeutung Merkurs. Die Griechen haben in ihren Hermes-Mythen dieses Bild noch verfeinert.[31]

Für die astrologischen Prognosen wurden auch die Auf- und Untergänge des Mars, sein Verschwinden am Himmel und sein Wiedererscheinen nach bestimmten Perioden beobachtet. Die Deutungsregeln ähneln den oben genannten. Vertreten werden konnte Mars am Himmel u. a. durch die Plejaden und vor allem – wegen seiner roten Farbe – durch rote Fixsterne.

Als Gott wurde Mars in späterer Zeit dem altmesopotamischen Unterweltsgott Nergal zugeordnet. Besonders verehrt wurde Nergal in der Stadt Kuthu, deren Name bezeichnenderweise als Synonym für das Totenreich diente. Nergal brachte den Menschen auch Fieber und Seuchen, er vernichtete die Getreideernte und brachte Zerstörung über das Land.

Der Planet Jupiter war das Reich des allwissenden Weltschöpfers Marduk (im Alten Testament: Merodach).

Seit König Hammurabis Zeiten (17. Jahrhundert v. Chr.) stieg Marduk zum babylonischen Reichsgott auf. Marduk war aber auch der Herr aller magischen Künste. Desweiteren hatte er Züge eines göttlichen Arztes, Richters und Lichtbringers (Gott der Frühlingssonne); sein Emblem war ein Schlangendrache mit dem unaussprechlichen Namen «Muschhuschschu».

Jupiters astrologische Bedeutung war im allgemeinen positiv, sofern nicht «böse» Planeten wie z. B. Mars oder unglückbringende Fixsterne seine Kraft bremsten. Im Hof des Mondes stehend bewirkte er männliche Geburten. Neben seinen Auf- und Untergängen, seiner Lichtqualität, seiner Stellung zum Äquator und zur Ekliptik beachtete man vor allem seinen Eintritt in bestimmte Sternbilder, so in späterer Zeit in das des Schützen. Noch heute wird in der Astrologie Jupiter diesem Zeichen zugeordnet.

Wichtig waren auch Jupiters Konjunktionen mit Venus und Saturn; mit Saturn zusammen bildete er die «zwei großen Sterne» – im Gegensatz zu den «zwei Sternen» ohne Beiwort, womit man – wenn von Planeten die Rede war – vermutlich Mars und Merkur meinte. Unter gewissen Bedingungen konnte Jupiter, wenn auch seltener als Saturn, die Sonne am Himmel vertreten. Jupiter selbst wurde vertreten durch eine Reihe von Fixsternen, u. a. von Regulus, Orion und Skorpion.

Jenes «Vertretungssystem» wurde, wie man erst zu Anfang unseres Jahrhunderts herausfand, durch die Farben der Planeten in vier Abstufungen von Rot zu Weiß bestimmt. Nur jene Fixsterne konnten Planeten vertreten, die ihnen verwandte Farbgebungen aufwiesen.[32]

Saturn, der langsamste der damals bekannten Planeten, gehörte zum Einflußbereich des Kriegs- und Jagdgottes Ninurta. Wenn man die Symbolik des Marsgottes und des Saturngottes miteinander vergleicht, fällt einem sogleich der Widerspruch zu der in der Antike gültigen Deutung auf. Während Nabu mit Hermes/Merkur annähernd wesensgleich ist, und Marduk mit Zeus/Jupiter verglichen werden kann, würden die Zuordnungen von Ninurta und Nergal zu Kronos/Saturn und Mars/Ares nur dann Sinn ergeben, wenn man sie vertauschen würde. Der Astronom Jürgen Blunck ist in der Tat der Auffassung, daß es irgendwann in Babylon eine solche Vertauschung der Planeten gegeben hat:

«Hat es jemals in Babylonien einen solchen Rollenwechsel gegeben? Hat etwa irgendwann Nergal als Kriegsgott an Gewicht gewonnen, um dann den Platz des roten Planeten einzunehmen? Von den verschiedenen Theorien der Planetenvertauschung in Babylonien, die um die Jahrhundertwende erörtert wurden, ist als einzige die der Vertauschung von Nergal und Ninib [Ninurta] bis heute nicht widerlegt worden. Denn es wiegt schwer, was Hommel für diese Theorie ins Feld geführt hat: Erstens werden auf Inschriften babylonischer Grenzsteine, die bis in die Mitte des 14. Jahrhunderts v. Chr. zurückreichen, die Götter den Tierkreisbildern und Planeten in der Weise zugeordnet, daß Nergal dem Saturn entspricht. Zweitens gibt es eine Textstelle, in der die alten sieben je einem Planetengott geweihten Städte des Zweistromlandes in einer Reihe aufgeführt werden, bei der Ninib [Ninurta] dem Mars und Nergal dem Saturn entspricht.»[33]

Eine Gegenüberstellung der babylonischen Planetengötter mit ihren römischen und griechischen Pendants ergibt einen deutlichen Hinweis auf die Herkunft der heutigen Planetennamen aus dem Zweistromland. Die inhaltlichen Ähnlichkeiten der Planeten ließen sich allerdings ebenso mit C. G. Jungs Archetypenhypothese erklären.

Ausgespart bei unseren mesopotamisch-antiken Zuordnungsversuchen blieb bislang die Venus. Aphrodite/Venus hat in der Mythologie zwar keine zweite Natur als Kriegsgöttin, doch immerhin ist sie die Geliebte eines Kriegsgottes (Mars/Ares) – allerdings nicht nur seine... Trotzdem entspricht Ischtar als Göttin des *Abendsterns* weitgehend ihrer abendländischen Nachfolgerin.

Kulturgeschichtlich muß noch erwähnt werden, daß die heutige 7-Tage-Woche vermutlich auf die babylonischen «Sieben Gestirne» (Sonne, Mond und fünf Planeten) zurückgeführt werden muß. Nach der *Geschichte Roms* von Cassius Dio ist allerdings die Benennung der Wochentage nach Planeten zuerst in Ägypten aufgekommen und hat sich dann im Abendland verbreitet. Rudolf Wendorff schreibt hierzu in *Zeit und Kultur*: «Während die Sumerer noch eine 5-Tage-Woche gehabt hatten, führten die Babylonier die 7-Tage-Woche ein. Von hier aus übertrug sie sich nach Ägypten, Griechenland und Rom, ja in den ganzen Kulturraum von Vorderasien und Europa.»[34] Hans Kaletsch hingegen betont in seiner geschichtlichen Darstellung des Kalenders die jüdische Herkunft der 7-Tage-Woche.[35] Die Juden allerdings gaben den Wochentagen keine Planetennamen. Wie man sieht, ist sich auch bei dieser kulturgeschichtlichen Frage die Wissenschaft noch nicht ganz einig.

Zum Abschluß wollen wir noch einige Beispiele für europäische Planetenwochentage aufzählen: der Sonntag ist der Tag der Sonne (dies soli), der Mon(d)tag und lundi der Tag des Mondes (dies lunae), mardi (dies martis), Dienstag, entspricht Mars, mercredi dem Mittwoch (dies mercurii), giovedì und jeudi dem dies jovis (Donnerstag: Jupiter und Zeus waren Götter des Donners, wie auch Thor), der venerdì und vendredi dem dies veneris (Freitag: Tag der nordischen Venusgöttin Freya) und schließlich der saturday und dies saturni dem Samstag.

4. *Mathematik, Tierkreis und Horoskop*

Den Babyloniern waren die Zahlen heilig. Alle Ziffern hatten eine mystische Bedeutung. In der Mathematik war vorwiegend das Sexagesimalsystem in Gebrauch, das zum Teil noch in unserem Jahrhundert benutzt wurde und wird: Der Kreis hat 360 Grad zu 60 Minuten zu 60 Sekunden.

Das Jahr teilte man in zwölf Monate und den Tag in zwölf gleichlange Doppelstunden ein. Die genaue Größe wurde dadurch festgelegt, daß man die von der Kulmination bis zur Kulmination eines Fixsternes aus einer Wasseramphora (mit kleinem Loch) ausgeflossene Wassermenge in zwölf gleiche Teile teilte. Im Alltagsleben jedoch bestimmten Sonnenuhr und Gnomon (Schattenmesser) die Zeitmessung.

Die Zahl Zwölf bestimmte nicht nur die Anzahl der Stunden, sondern sie war überhaupt eine Art Grundzahl, deren Wichtigkeit sich auch heute noch zeigen läßt: Wir rechnen mit Dutzend und Gros oder «großem Dutzend» (12×12); ein englischer Schilling hatte zwölf Pence, und der alte Reichstaler zählte 24 Groschen zu zwölf Pfennig.[36]

Andere wichige Hauptzahlen waren die Fünf und die Sieben: fünf Planeten plus Sonne und Mond. Die Babylonier konnten addieren, subtrahieren, dividieren, multiplizieren und außerdem Flächeninhalte und Fassungsräume berechnen, Landkarten erstellen usw. Bei all diesen Kenntnissen ist es erstaunlich, daß die Mathematik erst sehr spät auf die Himmelsvorgänge angewandt wurde. Wenn auch die Auf- und Untergänge der Planeten schon 2000 v. Chr. festgehalten wurden, so konnte man trotzdem erst zwischen dem vierten und fünften Jahrhundert v. Chr. die Stellungen von Sonne, Mond und Planeten einigermaßen genau berechnen. Die Grundlage dafür bildete u. a. die Erfindung der zwölf Tierkreiszeichen zu je 30 Grad. Der Standort eines Planeten mußte nun nicht länger mit Ausdrücken wie «in der Nähe des Skorpionhorns» beschrieben werden.[37]

Die bekanntesten astronomischen Aufzeichnungen aus Babylon entstammen den sogenannten «mul Apin-Tafeln» (700 v. Chr.). Nach diesen Tontafeln, die zum Teil auch Studienergebnisse aus dem 13. Jahrhundert v. Chr. enthalten, gliederte man den Himmel in drei Abschnitte: «Der Weg des Anu», «Der Weg Enlils» und der «Ea-Weg». Dem entsprechen zum einen die Bahn von Sonne, Mond und Planeten, woraus später der Tierkreiszeichenring entstand, und zum anderen der nördliche Sternenraum der nie untergehenden Gestirne und der südliche Himmel. Unter «Tierkreis» verstand man in der hier geschilderten Epoche den «Mond-Tierkreis», bestehend aus 19 Sternbildern; unter ihnen finden sich auch elf der heute in Gebrauch befindlichen (gleichnamigen) Tierkreiszeichen. Im Gegensatz zum Tierkreiszeichenring war der Ausgangspunkt jenes Mond-Tierkreises nicht – wie heute – die Frühlingstagundnachtgleiche, sondern ein heller Fixstern. Es handelte sich demnach um einen *siderischen* Tierkreis.[38]

Ausführlicher wollen wir uns nun mit dem Lauf der Sonne durch die Zeichen beschäftigen. Ihre Namenspaten, die entsprechenden Sternbilder, standen damals in etwa über den Tierkreiszeichen. Beginnen wir unseren Rundgang im Sternbild Wassermann, das für die Babylonier von besonderer Bedeutung war. Wenn die Sonne in ihrem Jahreslauf dieses Sternbild betrat, setzten flutartige Regenfälle ein. Der Wassermann ging herum und ließ es regnen..., er gießt die Gewässer der Fruchtbarkeit aus. Nach C. G. Jung wurde der Wassermann deshalb später mit dem phallischen Gott Priapus gleichgesetzt.[39]

Als die Sonne ins Sternbild Fische übertrat, begann die Laichzeit der Fische. Wenn in einem Jahr die Fische einmal schlecht und krankhaft laichten, wollte man im nachhinein festgestellt haben, daß das Sternbild am Himmel schwach geleuchtet habe. Aus solchen Beobachtungen konnten Prognosen gemacht werden: «Wenn in einem Jahr das Sternbild Fische schwach leuchtet, laichen die Fische schlecht.» Bei genauerem Hinsehen glaubten die Babylonier in diesem Sternbild zwei Fische erkennen zu können. Der südliche Teil des Bildes wurde als Fisch mit einem Schwalbenkopf identifiziert. Das zwischen beiden Fischen liegende lange Stück galt als das Band der Fische und findet sich noch heute im graphischen Zeichen dieses Tierkreiszeichens.[40]

Das Frühlingssternbild Widder hieß in Babylon «Tagelöhner». Diese Bezeichnung lag wegen der beginnenden Feldarbeit auf der Hand. Den Ausdruck «Widder» hat das Abendland vermutlich von den Ägyptern übernommen. Ganz gleich welchen Namen man hier auch gegeben hat, so symbolisierte dieses Sternbild doch immer die im Frühling aufkeimende Natur. Hier zeigt sich recht deutlich der jahreszeitliche Bezug des Tierkreises, wie auch überhaupt die Astrologie immer ein System der qualitativen Bestimmung von Zeitabschnitten war.[41]

Das Sternbild Stier versinnbildlichte sowohl die Viehzucht als auch die Bestellung der Felder mit Wagen und Pflug. Am Himmel erkennen wir neben den Plejaden insbesondere die Hyaden, die einen dreieckigen Stierkopf bilden.[42]

Im Sternbild Zwillinge fallen die Fixsterne Kastor und Pollux auf. Sie stehen nebeneinander und weisen eine ähnliche Helligkeitsstufe auf. C. G. Jung schrieb zu diesem Zeichen: «Die Fruchtbarkeit des Menschen. Selten gelingt einem Besseres als Zwillinge.»[43]

Der Krebs deutet zweifellos auf die Sommersonnenwende hin. So wie die Krebse rückwärts laufen, so begibt sich von nun an auch die Sonne auf den Rückweg: Die Tage werden wieder kürzer. Außerdem war dies in Mesopotamien die Zeit (Juni/Juli), Krebse und Seekrabben zu fangen.

Im Sternbild Löwe entwickelt die Sonne die größte Hitze – sie «brüllt» wie eine Raubkatze.[44] Der Hauptstern des Löwen, Regulus, gehört mit zu den imposantesten Erscheinungen des Sternenhimmels.

Die Jungfrau hieß früher Ähre. In Mesopotamien gab es zwei Erntezeiten, doch war die Jungfrau-Zeit (September) jene der Haupterntesaison. Auch in Mitteleuropa ist der September ein Erntemonat. Auf antiken Tierkreisdarstellungen sieht man oft die Jungfrau mit einer Ähre abgebildet. In der Ernte waren in Babylon besonders die Frauen gefordert, so daß man in diesem Sternbild auch eine Art von früher «Demeter» erkennen kann.

Während das Sternbild Waage in Rom und Griechenland den elfteiligen Tierkreis erst zwischen dem zweiten und dritten Jahrhundert v. Chr. ergänzte, wurde es in Babylon schon ab dem achten Jahrhundert v. Chr. dem Tierkreis einverleibt.[45] Doch auch in Babylon gehörte die Waage zu den jüngsten Tierkreisbildern. Die zwei Waagschalen deuteten hier auf die Tagundnachtgleiche des Herbstes hin. Außerdem symbolisierte die Waage den Handel mit Getreide und anderen Ernteprodukten.

In der Skorpionzeit wird dem Menschen das Abnehmen des Sonnenlichtes immer bewußter. Besonders in unseren Breiten läßt sich das Düstere des Novembers gut nachvollziehen: Verfaulendes Laub und trübdunkle Tage erinnern an den Tod. In Mesopotamien galt der November als Monat der schlimmen Krankheiten.[46] Angeblich ist dies im Zweistromland auch die Zeit vermehrter Aktivität von Schlangen und Skorpionen.[47]

Der Schütze hieß in Babylon «pa.bil.sag.» – die genaue Übersetzung ist leider noch unklar.[48] Im Dezember ging man in Mesopotamien zur Jagd, um sich für den Winter einen Fleischvorrat einzurichten.

Der Steinbock schließlich ist das Sternbild der Wintersonnenwende. Die Babylonier nannten es «Ziegenfisch». Die Sonne befindet sich jetzt zwar an ihrer tiefsten Stelle, quasi auf dem «Meeresgrund», doch von nun an schlägt sie den Weg zum Gipfel ein – wie eine Bergziege oder ein Steinbock... Die Zeit des Steinbocks (Ende Dezember/Januar) ist in vielen Kulturen eine heilige Zeit: Das Sonnenprinzip wird in Gestalt eines Heilandes geboren, wie z.B. Mithras und Jesus Christus. Als jahreszeitlicher Bezug sei noch erwähnt, daß sich mit dem Monat des Ziegenfisches in Babylon die Regenzeit ankündigte, die sich dann im Wassermann zusehends steigerte.

Mit der Einführung der zwölf gleichlangen Tierkreiszeichen war der Weg frei für die Individualastrologie. Das älteste uns erhalten gebliebene Horoskop stammt aus dem Jahre 409 v. Chr. In jener spätbabylonischen Zeit war die Astrologie nicht mehr allein auf Staatsangelegenheiten bezogen, sondern sie wurde auch vom einzelnen in steigendem Maße in Anspruch genommen.

Wie kam es zu dieser Entwicklung? Nicht nur die Einführung des Tierkreiszeichenringes, sondern auch andere Fortschritte in der Astronomie gaben der Astrologie einen neuen Impuls. Vergleicht man die griechische Astronomie derselben Epoche mit derjenigen Babylons, so war man doch im Zweistromland wesentlich weiter entwickelt – wenn auch die Verfeinerung der Horoskoptechnik später durch die Griechen geleistet wurde. Das Aufkommen der Individualastrologie wurde desweiteren dadurch begünstigt, daß die Astrologen ihre einflußreiche Stellung verloren hatten und nun nach neuen Ausdrucksmöglichkeiten suchten.

Bis zu diesem Zeitpunkt waren die Astrologen Mitglieder der Tempelanlagen. Ihre Aufgaben waren nicht nur mathematischer und astronomischer Art, sondern auch von religiösen Pflichten gekennzeichnet. Aus Assurbanipals Bibliothek (7. Jahrhundert v. Chr.) sind uns einige Namen bekannt, z. B. «Balasi» und «Negaleter». Auf den Tontafeln ist auch von Astrologenfamilien die Rede. Allerdings ist bis heute nicht geklärt, ob es sich um eine direkte Vererbung des Berufes vom Vater auf den Sohn handelte oder um ein Gildenwesen. Wie weiter auffällt, tragen viele der aufgezählten Astrologen einen Priestertitel.

Die Astrologenpriester waren im Tempel an das «bit mummu» angeschlossen; Jack Lindsay nennt es den «workshop of the temple». Im bit mummu wurde das Mysterium der Götter bewahrt. Bei Bedarf wurden die Götter in magischen Anrufungen herbeizitiert. In jenem heiligen Tempelbereich spiegelte sich auf mikrokosmischer Ebene der Schöpfungsakt wider.[49] Hier wurden die Gesetze der geschichtlichen Zeit außer Kraft gesetzt. Während des religiösen Aktes befand man sich außerhalb bzw. am Anfang der Zeit oder in der Urzeit (Eliade) – auch die Wandlung in der Heiligen Messe besitzt diese Funktion der Neuschöpfung der Zeit –: Der Mensch vermählt sich mit Gott auf ein Neues, er tritt ihm in seinem sündelosen Anfang entgegen, um später für den Alltag wieder eine Basis (geistiger Art) zu besitzen. In den hier angedeuteten magisch-religiösen Akten spielten in Babylon die Astrologen eine beherrschende Rolle.

Die Fremdbesetzungen Babylons durch Chaldäer und Perser veränderten das Astrologenbild vollkommen. Der Verlust der politisch-religiösen Rolle in der Spätzeit Babylons war für die Astrologen in erster Linie ein *soziales* Problem; einige verachteten zwar das profane Erstellen von Horoskopen für die Bevölkerung, doch die meisten paßten sich den neuen Umständen schnell an... Dazu kam die zunehmende Verschmelzung der Astrologie mit den Lehren Zarathustras und iranischen Lehren über zielgerichtete Weltperioden.[50] Die Jahrtausende geltende Kreislauflehre wurde abgelöst von einem Weltbild, das die Einmaligkeit des Seins betonte. Da Fehler im Leben zu einem späteren Zeitpunkt nun nicht mehr korrigiert werden konnten, wollte man sich – auch in breiten Kreisen der Bevölkerung – der Richtigkeit jeder Handlung versichern. Auf diese Weise entstand der in der Antike sich ausbreitende Astralfatalismus.

Nachdem das «zyklische Denken» durch das «lineare Denken», besonders durch das Aufkommen des Christentums mit seiner Endzeiterwartung verdrängt worden war, bestanden für die Geburtsastrologie («iudicarische Astrologie») die besten Aussichten. – Die kulturgeschichtliche Rolle des Zeitempfindens für unsere Zivilisation kann gar nicht genug herausgestellt werden. – Ernst Wilhelm Eschmann brachte diesen Zusammenhang einmal auf eine schöne Formel:

«Seit auf dem fernen persischen Hochland an der Grenze Afghanistans Zarathustra als erster den Gedanken faßte, dem Ablauf der Zeit, in dem er sich und den Menschen überhaupt vorfand, möchte eine Richtung und ein Ziel innewohnen, verband die große innere Masse westlichen Glaubens die Vorstellungen des Heils immer mit einem Kommenden... Insofern sind wir alle Perser, ob nun nachexilische Juden oder Christen oder Marxisten. Auch die sich zu keiner dieser Glaubensrichtungen rechnen, lebten und leben in dieser stets in die Zukunft gerichteten Struktur.»[51]

Die Astrologie befriedigte von da an nicht nur im ausgehenden Babylon, sondern überall im Abendland das steigende Bedürfnis nach Zukunftswissen.

Als Bezeichnung für die Babylonier hatte sich damals – auch in Rom und Griechenland – der Begriff «Chaldäer» durchgesetzt. Dieser Ausdruck war aber gleichzeitig auch ein Synonym für «Astrologe». Diese doppelte Bedeutung hat in der Quellenforschung für einige Unsicherheiten gesorgt. Zur Wortgeschichte muß festgehalten werden, daß der große Nebukadnezar zu den Chaldäern gehörte und die Vorherrschaft dieses Volkes in Mesopotamien durchsetzte. Da es nun im Lande «Chaldäa» viele Astrologen gab, die ihr Wissen nach Ägypten, Rom und Griechenland trugen, erklärt sich rasch, warum man unter «Chaldäer» in der Antike vor allem den Astrologen meinte – selbst dann, wenn er *nicht* aus dem Zweistromland kam und etwa ein Einheimischer war! Die Identifikation der Astrologie mit ihrem Ursprungsland Babylon war damals weit verbreitet.

Nach dem Geschichtsschreiber Diodor haben die Astrologen des Zweistromlandes Alexander dem Großen, Antigonos und auch König Seleukos ihre Schicksale vorher verkündet; doch «... auch Leuten aus dem Volke prophezeien sie; und wer sich von dem wunderbaren Eintreffen ihrer Prognosen überzeugt hat, muß es für etwas Übermenschliches halten.»[52]

Angewendet wurde die Astrologie auch bei der Gründung von Städten. Ein Astrologe konnte mit seinem Rat der zeitlich geeigneten Grundsteinlegung die glückliche Entwicklung einer Stadt garantieren. Ein erstes Beispiel finden wir im Jahre 312 v. Chr. König Seleukos wollte eine Stadt mit Namen «Seleukia» am Tigris gründen. – Ganz im Gegensatz zu seinem Erzfeind Antigonos war er von der Treffsicherheit astrologischer Prognosen überzeugt. Die «chaldäischen» Prophezeiungen, Seleukos würde Antigonos töten, schlug letzterer als Unsinn in den Wind. Im Jahre 301 v. Chr. geschah das Vorhergesagte tatsächlich. – Als Seleukos den Bau seiner Stadt plante, ließ er sich von mehreren Astrologen beraten. Genau wie die einheimischen Babylonier waren diese jedoch gegen die Stadtgründung, weil sie eine Entvölkerung Babyloniens befürchteten. Mit taktischem Kalkül berechneten sie so den *ungünstigsten* Zeitpunkt für die Grundsteinlegung von Seleukia und berieten den ahnunglosen König dementsprechend. Trotz der vom König weitergegebenen Anordnungen waren die Bauarbeiter so auf den Beginn der Arbeit erpicht, daß sie vor der angesetzten Zeit damit begannen und auf diese Weise der Stadt ein besonders günstiges Horoskop verschafften![53]

Wie schon erwähnt, stammt das erste ausführliche Geburtshoroskop aus dem Jahre 409 v. Chr. Hierin lesen wir, daß Shuma-usur, der Sohn von Shuma-iddina in der Nacht auf den 14. des Monats Nisan geboren wurde: «Zu dieser Zeit befand sich der Mond unterhalb des Horns des Skorpions, Jupiter war in den Fischen, Venus im Stier, Saturn im Krebs und Mars in den Zwillingen. Der gerade untergegangene Merkur konnte nicht gesichtet werden.» Eine genauere Ausdeutung, die sich hier zweifelsohne anschloß, fehlt uns leider.

Das nächste uns erhaltene Horoskop ist datiert auf den 4. April 263 v. Chr. Hier lesen wir u. a.:

«Es wird ihm an Wohlstand fehlen ... sein Essen wird den Hunger nicht stillen können. Den Reichtum, den er in der Jugend besaß, wird er im Alter nicht mehr haben. Seine Tage werden ihm lang vorkommen. Seine Ehefrau, die in seiner Anwesenheit von anderen verführt werden wird, ... Er wird haben.»[54]

Leider hat der Text sehr viele Lücken, doch erkennt man die Art und Weise, wie damals Prognosen abgefaßt wurden.

Ein Horoskop aus dem Jahre 258 v. Chr. fällt besonders dadurch auf, daß es zwei verschiedene Konstellationen enthält, die 270 Tage auseinander liegen. Hier handelt es sich augenscheinlich um Empfängnis- und Geburtshoroskop![55] In einem weiteren Horoskop vom 3. 6. 235 v. Chr. erkennen wir – genau wie bei den anderen Kosmogrammen aus dieser Zeit – die Planetenpositionen *gradgenau* im jeweiligen Tierkreiszeichen vermerkt: «... Diese Position Jupiters bedeutet, daß sein Leben regelmäßig verlaufen wird; er wird reich und alt werden [...] Venus 4 Grad im Stier. Die Venus-Stellung bedeutet: Wo immer er hingeht, wird er Erfolg haben.»[56]

Die in Mesopotamien praktizierte Geburtsastrologie verbreitete sich rasch im Abendland. Eine ganze Reihe griechischer Gelehrter lebte mehrere Jahre lang im Zweistromland, und sie brachten dann ihre Kenntnisse in die Heimat.

III.

AMERIKA

Häufig wurde angenommen, daß die Astrologie nicht vor Kolumbus nach Amerika gelangt sei. Historiker mutmaßten, daß der Bischof von Chiapas aus Spanien importierte Astrologie meinte, als er schrieb:

«Teile der Quiché [ein Volk der Mayas] glauben daran, daß die menschliche Geburt vom Lauf der Sterne und Planeten bestimmt wird; sie beobachten, zu welchem Zeitpunkt des Tages und des Monats ein Kind geboren wird, und sagen dessen Lebensbedingungen und -geschicke voraus.»[1]

Welcher Herkunft die hier beschriebene Art von Astrologie ist, läßt sich leider wegen mangelnder historischer Kenntnisse nicht entscheiden. Wie wir jedoch im ersten Kapitel gezeigt haben, entwickelten nahezu alle Kulturen selbständig astralreligiöse Vorstellungen, in welchen wir zu Recht Vorstufen zur Astrologie erkennen können.

Unglücklicherweise ist unser Wissen über die frühesten, aber auch über die späteren amerikanischen Kulturen äußerst bescheiden. Auch Untersuchungen über die astralreligiösen Bezüge der Olmeken (200–500 n. Chr.) stehen noch aus. Von den um 800 in Mexiko eingewanderten Tolteken wissen wir immerhin, daß bei ihnen nicht nur Handwerk und Kunst weit entwickelt waren, sondern auch schon eine Kalenderberechnung existierte.[2] Außerdem teilte man die Welt in fünf Regionen ein: Osten, Westen, Norden, Süden und Mitte. Die ersten vier Himmelsrichtungen entsprachen dem Adler, dem Mann, dem Stier und dem Löwen, welche Parallelen mit den europäischen Tierkreiszeichen Skorpion (oft auch Adler genannt), Wassermann, Stier und Löwe aufweisen.[3] Jene vier Tierkreiszeichen wurden später von den Christen mit den vier Evangelisten in Verbindung gebracht: Stier (Lukas), Löwe (Markus), Skorpion-Adler (Johannes) und Wassermann (Matthäus).

Sowohl in Mittel- als auch in Südamerika waren die frühen Kulturen stark von der Jagd geprägt. Nach Auffassung der Kalina-Indianer und auch der Arawak Guyanas haben die herrschenden Geister der Tierarten ihren Sitz in den Sternbildern. Wenn z.B. im Laufe eines Jahres ein Sternbild besonders kräftig leuchtet, dann vermehrt sich die betreffende Tierart entsprechend stark.[4] Diese Denkweise konnten wir schon in Babylon am Beispiel des Sternbildes Fische feststellen.

Viele Ähnlichkeiten weisen die Kulturen der Inkas, Mayas und Azteken auf. Diese Kulturen zeigen jedoch nicht nur untereinander, sondern auch im Vergleich mit astralreligiösen Vorstellungen aus Ägypten, Indien und China viele Gemeinsamkeiten. Seit Thor Heyerdahl mit dem Floß von Peru aus die Südseeinseln erreicht hat, sind Kultureinflüsse aus Asien – via Indonesien – nicht mehr auszuschließen.

Azteken und Mayas waren in ihren astronomischen Beobachtungen relativ weit fortgeschritten. Durch Berücksichtigung gewisser Fixsterne wurden Kalender entwickelt, um die Jahreszeiten zu bestimmen, die Bewegungen von Sonne, Mond und Planeten zu notieren und auch um geeignete Zeiten für die Durchführung religiöser Rituale zu finden. Erdbeben, Kometen und andere Himmelsphänomene wurden sorgfältig festgehalten und als Vorzeichen für kommende Ereignisse gedeutet.

Als 1519 ein intensives großes Licht von der Erde zum Himmel flutete, nahm man später an, daß dies die Ankunft der Spanier angekündigt hätte. Vermutlich handelte es sich bei diesem Phänomen um Zodiakallicht. Dieses Licht entsteht, wenn freie Elektronen und Staubteilchen stark gestreutes Sonnenlicht reflektieren. Viele solcher Vorzeichensammlungen und auch astralreligiöse Bauwerke wurden später von den Spaniern zerstört. Glücklicherweise sind wenigstens ein paar Denkmäler erhalten geblieben, sodaß die Historiker nicht völlig im dunkeln tappen.[5]

Die miteinander verwandten Astralreligionen der Tolteken und Azteken wollen wir uns nun etwas näher anschauen. Der Gott Quetzalcoatl trug den Titel «Eins Rohr», was auf das Jahr seiner Geburt verweist. Quetzalcoatl heißt «Gefiederte Schlange»; die Federschlange war ein Himmelssymbol und die Azteken sahen in diesem Gott den

«Herrn des Tierkreises». Gleichzeitig wachte die gefiederte Schlange über die Wissenschaften und galt als Urahn der Menschheit. Nach einer Verführung durch seinen dunklen Widerpart Tezcatlipoca soll er sich selber verbrannt und in den Morgenstern verwandelt haben. Selbst als Mond wurde er teilweise identifiziert. Attribut dieses Gottes war u. a. ein Krokodilsrachen, weil der ihm zugeordnete Tierkreis mit dem Krokodil begann.[6]

Quetzalcoatls Gegenspieler Tezcatlipoca war, ähnlich wie der babylonische Nergal, Jagdgott und Schutzgott der Krieger. Als Mixcoatl («Wolkenschlange») war er auch der Herr des Polarsterns. Er brachte den Menschen das Feuer, indem er das sich drehende Firmament als im Himmelspol angesetzter «Quirlbohrer» benutzte. Außerdem repräsentierte Tezcatlipoca den Nachthimmel, den Winter und den Norden.

Das ihm zugeordnete Tier war der wegen seines gefleckten Felles an den Sternenhimmel erinnernde Jaguar. Manchmal konnte Tezcatlipoca aber auch die Sonne verkörpern. Als Opfer für Tezcatlipoca wurde jedes Jahr ein Kriegsgefangener ausgewählt; ihm wurde bei lebendigem Leibe das Herz herausgerissen.

Als eigentlicher Sonnengott der Azteken muß Huitzilopochti («Kolibri des Südens») angesehen werden. Er versinnbildlicht die morgendliche Sonne und die Jahreszeiten Frühling und Sommer. Als Himmelsrichtung entspricht ihm der Süden. Aus der Vielzahl aztekischer Götter seien nur noch die beiden Venusgöttinnen herausgegriffen. Ähnlich wie in Babylon und in vielen anderen Kulturen ordnete man dem Morgenstern eine andere Symbolik zu als dem Abendstern. Als Xochiquetal («aufrechtstehende Blume») war Venus die Göttin der Liebe, des weiblichen Kunsthandwerks und Herrin der Pflanzen; letzteres weist auf einen ursprünglich lunaren Charakter der Göttin hin. Als Tlazolteotl und Tlaelquani («Dreckfresserin») deutet sie auf Ehebruch, sündhaften Geschlechtsverkehr und Tempelprostitution hin.[7]

Den Raum teilten die meisten amerikanischen Völker in Himmel, Erde und Unterwelt ein. Die Himmelswelt zerfiel in dreizehn Regionen, denen dreizehn Tagesstunden entsprachen, die Unterwelt in neun Regionen und neun Nachtstunden. Alle Regionen und alle Tag- und

Nachtstunden hatten jeweils einen Herrscher und bestimmte Symbole. Nach einem besonderen System besaß jeder Tag und jedes Jahr Eigenschaften, die mit den Himmelsrichtungen korrespondierten. Der Osten symbolisierte Fruchtbarkeit, der Norden Unfruchtbarkeit, der Westen Versagen, Alter und Tod und der Süden u.a. eine starke Kraftentfaltung.[8]

Nach der aztekischen Vorstellung hat die Erde bislang vier Weltalter durchlaufen. Heute leben wir im 5. Äon, das den wenig verheißungsvollen Namen «Erdbebensonne» trägt: Die Welt wird demnach durch Erdbeben und Vulkanausbrüche untergehen. Mit dieser Vorstellung waren die Azteken nicht allein. Auch nach den Zeitalterlehren von anderen Kulturen lebt die Menschheit zur Zeit im Äon des Unterganges; so reden z.B. die Inder vom «Kali-Yuga».

Was die Zeiteinteilung des Alltags betrifft, wurde in Mexiko der Mond in seiner synodischen Umlaufzeit herangezogen. Die Frauen bemaßen die Schwangerschaftsdauer mit neun Monaten zu 29 Tagen. Die daraus resultierende Zahl von 261 Tagen wurde zu mathematischen Zwecken auf 260 Tagen abgerundet. Teilt man nun diese Zahl durch die Grundzahl des mexikanischen Zahlensystems, Zwanzig (Finger und Zehen eines Menschen), so erhält man die für die einheimische Zeitrechnung wichtige Zahl Dreizehn.[9]

Der Mondkalender bestand aus 20 x 13 = 260 Tagen. Dieser hauptsächlich Wahrsagezwecken dienende Kalender der Azteken, Mayas und kulturverwandter Völker zählte die Tage mit Hilfe einer Ziffernreihe von 1–13 und einer Bilderreihe von 1–20, die sich einander fortgesetzt überkragen – bis zur Zahl 260, die beide Reihen als Faktoren enthält. Die hier wiedergegebene Bilderreihe orientiert sich an den Informationen des Ethnologen Franz Graebner:

1. Krokodil, Schwertfisch, Erdgöttin
2. Wind, Glut, Feuer
3. Haus, Innerstes
4. Eidechse
5. Schlange
6. Affe
7. Hirsch
8. Kaninchen
9. Wasser, Gewitterregen
10. Hund
11. Affe

12. Gedrehtes, Zahn, Zahnreihe
13. Rohr (Riedgras)
14. JaguarTod
15. Adler
16. Geier
17. Bewegung, Erdbeben
18. Feuersteinmesser, Obsidian Kälte
19. Regen, Schildkröte, Gewitter
20. Blume

Diese aztekische Version des Mondkalenders zählt nun die Tage in der Weise, daß der erste Tag «Eins Krokodil» ist, der zweite «Zwei Wind», der dreizehnte «Dreizehn Rohr», der vierzehnte jedoch «Eins Jaguar», der fünfzehnte «Zwei Adler» usw. Erst der 261. Tag ist dann wieder «Eins Krokodil». Dieser Zyklus mit 260 Tagen und jeweils unterschiedlichen Kombinationen ist das berühmte Tonalamatl, das «Buch der Tage und der durch sie bestimmten Schicksale». Durch Verbindung des Tonalamatl mit dem mexikanischen Sonnenjahr (18 Monate zu 20 Tagen plus fünf Schalttage) entsteht der große Zyklus von 52 Jahren, nach dessen Ablauf erst wieder der Neujahrstag auf dieselbe Konstellation von Zahl und Bild, nach aztekischer Rechnung auf «Eins Krokodil» fiel, an dessen Ende jedesmal mit der Möglichkeit des Weltunterganges gerechnet wurde und alle existierenden Feuer neu angezündet werden mußten.

Die oben beschriebenen zwanzig Bilder wurden nicht nur manchmal am Himmel als Sternbilder gesehen, sondern man faßte sie auch als Lebewesen auf, die in einem «Haus» lebten und ihre Arbeit leisteten. Wenn der Mensch ihnen demütig und opfernd begegnete, waren sie ihm wohlgesonnen. Wer ihnen gegenüber jedoch unfreundlich war, dem brachten sie Unglück.

Das mexikanische Wahrsageverfahren war keine einfache Angelegenheit. Ein bestimmtes Bild konnte günstig, die betreffende Zahl jedoch ungünstig sein – und umgekehrt. Durch seine innere Einstellung allerdings konnte man sich das Wirken der Götter günstig stimmen. Desweiteren waren Tageszahlen, die eine Sieben enthielten, vorteilhaft, während alles mit einer Neun als unvorteilhaft galt. Verbreitet war auch die Sitte, das Schicksal mit kleinen Tricks zu überlisten: Wenn ein Kind unter einem eindeutig unheilvollen Zeichen geboren wurde, so durfte man bis zu vier Tagen manipulieren, damit es unter einem günstigeren Tageshoroskop geführt werden konnte. Auch Hochzeiten fanden nicht statt, wenn nicht der Astrologe, der Tonalpuhque («Tageszeichenzähler») die Zeichen von Mann und Frau auf ihre Verträglichkeit hin geprüft hatte. Günstige Termine für eine Eheschließung waren insbesondere Affe, Krokodil, Adler, Haus und Rohr.

Zur Illustration seien hier einige Beschreibungen von Tageszeichen aufgezählt. Die unter «Eins Jaguar» Geborenen waren dazu verurteilt, als Gefangene zu sterben, auch wenn sie ansonsten vielleicht ein angenehmes Leben geführt hatten. «Zwei Kaninchen» erzeugte Trinker, «Vier Hunde» verschaffte großen Reichtum, «Vier Winde» galt als geeignet für Magier, und «Eins Haus» förderte die Ärzte.[10] Wie schon oben kurz erwähnt, wurde dieses System auch für die gute oder schlechte Prognose eines Jahres angewandt. Das Jahr der spanischen Invasion (1519) fiel übrigens unter «Eins Rohr» und galt als sehr ungünstig...

Festzuhalten bleibt an dieser Stelle, daß – soweit wir wissen! – die altamerikanischen Kulturen in ihrer Form von Astrologie die Zeitqualität *vorwiegend* ohne astronomische Bezüge herstellten. Dennoch konnte ein mexikanischer Astrologe aus den genauen Geburtsangaben eine einfache Ausführung eines «Individualhoroskops» anfertigen. Auf alle Fälle dürfen wir, ähnlich wie wir es bei den babylonischen Leberhoroskopen taten, diese Form von nicht unmittelbar auf den Himmel bezogener Divination gleichfalls als «Astrologie» bezeichnen.

Trotzdem bleibt ebenfalls zu notieren, daß die Planeten beobachtet und deren Bewegungen schriftlich festgehalten wurden; auch Sternbilder wurden festgelegt. Ein zwölfteiliger Zodiakus war z.B. bei den Inkas bekannt! Auf dem 13. Amerikanistenkongreß 1912 hat Stansbury Hagar den Nachweis erbracht, daß die Stadt Cuzco ein riesiges Tierkreisdenkmal ist: Um den gewaltigen Sonnentempel in der Mitte gruppieren sich zwölf Stadtteile, die durch zwölf auf den Mittelpunkt zulaufende Straßen begrenzt werden. Die Namen und Symbole der Stadtteile weisen auf die Verbindungen zur Astrologie hin.

IV.

CHINA

Die chinesische Weltanschauung finden wir schon in dem uralten *Buch der Wandlungen* (I Ging) niedergelegt; allgemein wird sie als «Universismus» bezeichnet. Nach dieser Auffassung ist das Weltall ein lebendiger Organismus, dessen einzelne Glieder sich gegenseitig beeinflussen. Auch der Mensch muß sich daher, als Einzelglied des Ganzen, dem Tao des Weltalls anpassen. Doch nicht nur das kosmische Geschehen beeinflußt das menschliche Leben, sondern auch umgekehrt üben die Handlungen des Menschen einen Einfluß auf die Vorgänge im All aus. Trotzdem steht die Anpassung des Menschen an den Himmel im Vordergrund. Bei Konfuzius lesen wir im Buch *Ji*: «Der Himmel läßt seine Bilder herabhängen, die Glück und Unglück offenbaren; die Heiligen (Herrscher) nehmen sie zum Vorbild».[1]

Wie der Mensch diese Bilder des Himmels benutzen soll, darüber sagt das I Ging:

«Als in der Urzeit Pao Hi die Welt beherrschte, da blickte er empor und betrachtete die Bilder am Himmel, blickte nieder und betrachtete die Vorgänge auf Erden. Er schaute die Zeichnungen der Tiere und Vögel und ihre Anpassung an die verschiedenen Orte. Unmittelbar ging er von sich selbst, unmittelbar ging er von den Dingen aus. So erfand er die acht Zeichen, um mit den Urkräften der lichten Götter in Verbindung zu kommen und aller Wesen Verhältnisse zu ordnen.»[2]

Wie man hier deutlich sieht, haben die acht Grundzeichen des I Ging einen klaren astrologischen Bezug.

Schon immer verehrte man in China den Himmel als einen Gott. Die beiden im Westen bekanntgewordenen Begriffe Yin und Yang korrespondieren mit dem Himmel, dem männlichen und schöpferischen Prinzip, und der Erde, dem weiblichen und empfangenden Prinzip. Allgemein gilt in China das Yang als die «geehrtere und bessere» (Richard Wilhelm) der beiden Polaritäten, wobei hier allerdings keine moralische Wertung gemeint ist. Trotzdem ist es kein Zufall, daß der Kaiser nicht «Sohn der Erde» sondern «Sohn des Himmels» heißt und somit Vertreter der «lichten Seite» ist.

Nicht nur der Kaiser, sondern auch dessen Ahnen wurden in einem ausgeklügelten Ahnenkult mit dem Kosmos verknüpft. Als Repräsentant des Himmels war der Kaiser direkt für Unglücksfälle, die über das Land kamen, verantwortlich. In der Rolle des «Hohen Priesters» des Universismus konnte er auch die gerade existierenden religiösen Glaubenslehren gestatten oder bekämpfen, je nachdem, ob sie seiner Ansicht nach das ganzheitliche Weltbild des Universismus gefährdeten oder ihm entsprachen. Erwähnt sei in diesem Zusammenhang, daß die drei Hauptreligionen Chinas (Buddhismus, Taoismus, Konfuzianismus) den Glauben an die Astrologie einschlossen.

Der Kaiser war auch der einzige Mensch, der Himmel und Erde auf den prachtvollen, noch in Peking erhaltenen, Altären Opfer darbringen durfte. Auf dem Gelände des Himmelsaltars stand früher in einem Kuppelbau die «Seelentafel» des Himmels auf dem Ehrenplatz, d.h. auf der zentralen Nord-Süd-Achse des Geländes mit Blick nach Süden. Die Tafelinschrift lautete «Kaiserlicher Himmel, Oberster Kaiser». Im selben Raum und ihr beigeordnet befanden sich die Seelentafeln der kaiserlichen Ahnen, während die Tafeln für die «Gefolgschaft des Himmels» in Nebengebäuden aufbewahrt wurden. Zu dieser Gefolgschaft gehörten: Sonne, Mond, Sternbilder und die sogenannten «himmlischen Götter», nämlich Regen, Wolken, Donner und Wind.[3]

Leider ist es für uns unmöglich, genaue Angaben über die frühe Entwicklung der Astrologie in China zu machen. Die frühe Literatur, nicht nur die astrologische, ist durch den Befehl des Kaisers Tschi-hi-hoang (246–209 v. Chr.), alle Bücher zu verbrennen, so gründlich zerstört worden, daß tatsächlich nur ein kleiner Rest der sogenannten klassischen Literatur Chinas überdauert hat. Bei anderen Quellen sind zudem durch spätere Zusätze Unklarheiten über das ursprüngliche Wissen entstanden.

Bekannt ist allerdings, daß die Chinesen schon um 2000 v. Chr. den Himmel anbeteten und seine Bewegungen schriftlich erfaßten, um ihren landwirtschaftlich geprägten Staat zu lenken. Der Kaiser mußte mit Hilfe von Astrologen die genauen Termine für den Beginn der Jahreszeiten angeben. Außerdem war es die Aufgabe der Sternenkundigen, markante Himmelszeichen vorherzusagen und zu deuten. Falls ihnen dies nicht gelang, galt dies als Indiz dafür, daß der Herrscher die Gunst des Himmels verloren hatte.

Gelegentlich wurde sogar vermutet, daß die Hsia-Dynastie (ca. 1800–1500 v. Chr.) deswegen unterging, weil die Hofastrologen eine Sonnenfinsternis nicht vorausgesagt hatten. Solche unvorhergesehenen Himmelszeichen mußte das Volk als klares «Mißtrauensvotum» gegen ihren Herrscher werten. In solchen Fällen half nur die Neuwahl des Regenten.

In der Shang-Dynastie (ca. 1500–1000 v. Chr) war der Kaiser angehalten, sich stark den Jahreszeiten anzupassen. Je nach Jahresviertel wohnte er im entsprechenden Palast: im Frühjahr im Ostpalast, im Sommer im Südpalast, im Herbst im Westpalast und im Winter im Nordpalast. Nach allem, was wir in Kapitel I.2. über die archetypische Bedeutung der Sonne erfahren haben, darf uns auch nicht wundern, daß der Kaiser bei Audienzen das Gesicht immer dem Süden zugewandt hatte. Er konnte auf diese Weise den Sonnenlauf verfolgen. Desweiteren repräsentierte der Herrscher als Mittelpunkt des Reiches den Polarstern.

Konfuzius beschrieb in diesem Zusammenhang die Rolle des Kaisers folgendermaßen: «Jemand, der das Volk mittels seiner Tugend regiert, ist wie der Polarstern, der seinen Platz beibehält, während die anderen Sterne ihn umkreisen.»[4]

China galt von jeher als das «Reich der Mitte»; es entsprach jener Mitte des Himmels, wo die Sterne nie untergehen. Die chinesischen Astrologen beobachteten deshalb mit besonderer Aufmerksamkeit die Zirkumpolarsterne. Die Sternbilder in der Nähe der Ekliptik, die man die «gelbe Straße» taufte, wurden eher geringgeachtet. Jenes Reich der Mitte des Sternenhimmels wurde, entsprechend den vier Himmelsrichtungen, in vier Paläste aufgeteilt.

Der westliche Tierkreis war in China unbekannt und gelangte erst mit christlichen Missionaren im 17. Jahrhundert ins Land. Die Chinesen hatten ein eigenes astrologisches System, das vermutlich von indischen und babylonischen Ideen beeinflußt worden ist. Einige astrologische Angaben aus dem Jahre 100 v. Chr. ähneln jedenfalls Deutungen, wie wir sie im Kapitel über Babylon kennengelernt haben:

«Wenn Merkur in Begleitung der Venus im Osten erscheint, sie beide rot sind und Strahlen weit aussenden, dann werden fremde Königreiche unterworfen und die Soldaten Chinas siegreich sein.»[5]

Ähnlich wie in Babylon und vielen asiatischen Ländern benutzte man in China die Mondstationen. Die 28 Abschnitte der Mondbahn wurden «Asterismen» oder «Siu» genannt. Historiker schätzen das Alter dieses Systems *mindestens* auf das 14. Jahrhundert v. Chr. – zuweilen ist man sogar bis auf 4000 v. Chr. hinaufgegangen (Ideler).[6] Fünf der Mondstationenbilder bzw. Bezeichnungen sind rein chinesisch, während die übrigen Verwandschaften mit Indien und Arabien aufweisen.

Die Bilder der 28 Stationen sind Tiere, die jeweils den vier Palästen zugeordnet sind: Greif, Ochse, Fledermaus, Ratte, Schwalbe, Bär und Stachelschwein (Nord-Palast), Tapir, Schaf, Jak, Pferd, Hirsch, Schlange und Wurm (Süden), Panther, Hornloser Drache, Drache, Dachs, Hase, Tiger und Leopard (Osten) und schließlich finden wir im West-Palast Wolf, Hund, Fasan, Rabe, Affe, Schimpanse und Hahn.

In früheren Zeiten wurde genau angegeben, was man zu tun oder zu lassen habe, wenn der Mond sich gerade in dieser oder jener Station aufhielt. So ist z. B. der Mond im Abschnitt «Hase» glückbringend und begünstigt Beerdigungen und Hochzeiten, während er in der Station «Wolf» allgemein Unglück bringt; großen Segen hingegen bringt die Mondstation «Stachelschwein».[7]

Zusätzlich gab es auch noch einen Zwölfer-Tierzyklus (Dodekaoros), in dem einige der obigen Tiere wieder auftauchen. Dieser zweite Zyklus gab nicht nur den Jahren und den 12 Monaten, sondern in frühester Zeit auch den 12 Doppelstunden des Tages den Namen. Die Reihenfolge und die Bezeichnungen der 12 Tiere sind überall in Ostasien vergleichbar:

Maus/Ratte	(Im Chinesischen kann «schu» beides heißen)
Ochse	(bei den Mongolen: Rind)
Tiger	(bei den Mongolen: Panther)
Katze	(in Thailand: Kaninchen)

Drache	(in Persien: Krokodil)
Schlange	(in Thailand: kleiner Drachen)
Pferd	
Schaf	(in Thailand: Ziege)
Affe	(in Japan: Meerkatze)
Hahn/Henne	
Hund	
Schwein	(in Japan: Eber)[8]

Überall in Asien beginnen die Jahreszyklen mit Maus oder Ratte, was als ein sicheres Zeichen für eine gemeinsame Wurzel gelten kann. Im wievielten Jahrhundert v. Chr. dieses Zwölfersystem in China zum ersten Mal benutzt wurde, ist leider umstritten. Wenn wir uns jedoch in mythologische Gefilde begeben, stoßen wir auf folgende Geschichte: Einstmals lud Buddha alle Tiere der Erde zu einem Neujahrsfest ein und versprach allen, die kommen würden, ein besonderes Geschenk. Da nur zwölf kamen, gab er jedem ein Jahr. Wie man sich das Wirken der zwölf Tiere vorzustellen hat, darüber gibt ein buddhistischer Text Auskunft:

«Wenn die zwölf Tiere ihre anerkennenswerte Arbeit geleistet haben, legen sie in Gegenwart aller Buddhas den feierlichen Eid ab, dafür zu sorgen, daß Tag und Nacht immer einer von ihnen reisen, predigen und bekehren werden, während die anderen elf bleiben, um in der Stille Gutes zu tun. Die Ratte beginnt am ersten Tag des siebten Mondes und bekehrt alle Wesen, die die Gestalt von Ratten haben. Sie überzeugt sie, böse Taten aufzugeben und ermahnt sie, Gutes zu tun. Die anderen Tiere machen der Reihe nach das gleiche, und wenn der dreizehnte Tag kommt, beginnt die Ratte wieder.»[9]

Die zwölf Tiere entsprechen in China auch den zwölf Bahnabschnitten des Jupiters: dieser Planet benötigt zwölf Jahre für die Wanderung durch die Ekliptik. Jupiters Name bedeutet im Chinesischen «Jahreslauf». Welche fatalen Folgen die Benennung der Jahre nach den Tieren auch im modernen China noch hat, zeigte das Jahr des Feuerpferdes 1966. Da man glaubte, daß unter diesem Zeichen geborene Kinder ihrer Familie großes Unglück bringen, gab es eine ungeheuer große Zahl von Abtreibungen.

Über die allgemeine Bedeutung des jeweiligen Kalenders (in früheren Zeiten) äußert sich eine Chinakennerin:

«Der absolute Gehorsam, den der Mensch dem Tao des Himmels leisten muß, gibt sich durch strikte Befolgung der Weisungen des Kalenders kund und bedeutet somit absolute Unterwerfung unter die Führung des Verfassers dieses Buches, des Sohnes und Statthalters des Himmels auf der Erde; diesem war wiederum der Kalender das Werkzeug, mittels dessen er die Unterwerfung unter seine universelle Gewalt aufrechterhielt. Denselben Zweck erfüllte das Buch in den Lehensstaaten; daselbst wäre also eine Verweigerung, den Kalender entgegenzunehmen und seine Weisungen zu befolgen, gleichbedeutend gewesen mit offener Rebellion gegen den Himmel und seinen Sohn.»[10]

Der früheste Kalender stammt aus dem 3. Jahrtausend v. Chr. Neben Wettervorhersagen und Anleitungen für Geisterrituale enthielt der Kalender genaue Angaben darüber, welchen Zeichen es erlaubt war, zu heiraten – z. B. «Schwein» mit «Tiger» – und welchen es verboten war; auch Rezepte für Medikamente und Lebensmittel waren hier zu finden.

Neben der Kalenderberechnung war es die Aufgabe der Astrologen, die verschiedensten astronomischen Beobachtungen zu machen. Chinesische Sternenkundige waren die ersten, die den Halleyschen Kometen sichteten (240 v. Chr.). Auch die Sonnenflecken wurden von ihnen seit 28 v. Chr. regelmäßig beobachtet – in Europa begann man damit erst zu Galileis Zeiten. Gedeutet wurden die Veränderungen der Sonnenflecken in bezug auf die Ernteaussichten. Ferner berechneten sie in den ersten Jahrhunderten n. Chr. die Neigung der Sonnenbahn und die elliptische Bahn des Mondes fast exakt.[11]

Wie überall auf der Welt waren die Finsternisse von großer Bedeutung. Wie schon früher erwähnt, mußten die Astrologen sie nicht nur richtig vorhersagen, sondern sie sollten, wie in Babylon, entsprechende Maßnahmen anordnen. Wie dies vor sich ging, schildert uns ein Schüler von Konfuzius nach der Finsternis vom 14. 8. 524 v. Chr.:

«Im Sommer, im 6. Monat, am Tage Gia-si, am 1. Tag des Monats, war eine Sonnenfinsternis. Der Priester und Geschichtsschreiber verlangte nach den für das Opfer benötigten Seidenstücken. Tschao-tse sagte: ‹Wenn eine Sonnenfinsternis stattfindet, nimmt der Kaiser keine vollständige Mahlzeit ein und läßt die Trommeln am Erdaltar schlagen, während die Lehensfürsten Seidenstücke auf dem Altar opfern und die Trommeln an ihren Höfen schlagen lassen. So lautet die Vorschrift.› Ping-tse widersprach dem und sagte: ‹Höre auf! Es ist nur der 1. Monat, ehe die bösen Einflüsse sich geltend machen und dann eine Sonnenfinsternis eintritt, daß es Vorschrift ist, die Trommel zu schlagen und Seidenstücke zu opfern. Fürs übrige nicht!› Der große Geschichtsschreiber (Konfuzius) sagte darauf: ‹Das ist gerade der Fall in diesem Monat. Nachdem die Sonne die Frühlingsgleiche durchschritten hat und bevor sie die Sommerwende erreicht, wenn dann einiges Unheil der Sonne, dem Mond oder den drei Himmelskörpern zustößt, so legen alle Beamten ihre feine Kleidung ab, so nimmt der Fürst keine vollständige Mahlzeit ein und zieht sich aus seinen Prunkgemächern zurück, bis die Zeit der Finsternis vorüber ist. Die Musiker schlagen die Trommeln, der Priester opfert Seidenstücke und der Geschichtsschreiber hält eine Rede.›»[12]

Mehr als 2000 Jahre später hat sich an dieser Beschreibung kaum etwas geändert, wie wir von dem Jesuiten P. Louis le Comte erfahren, der 1686 in Peking lebte:

«Seit einigen Jahren haben einige vornehme Leute, die unsere Bücher gelesen haben, ihren Irrtum eingestanden. Jedoch bei einer Finsternis, besonders bei einer Sonnenfinsternis, behält man in Peking die alten Sitten bei, die etwas abergläubisch und lächerlich sind; denn während die Beobachter (die Jesuiten) auf dem Turm sind, beschäftigt mit der Bestimmung des Anfangs, des Endes und der Dauer der Finsternis, knien die wichtigsten Mandarine in einem Saal oder Hof des Schlosses, immer bedacht auf die Himmelsvorgänge. Sie werfen sich ständig vor der Sonne zu Boden, um ihr Mitgefühl zu zeigen, oder vor dem Drachen, um ihn zu bitten, die Welt in Ruhe zu lassen und nicht ein Gestirn zu verzehren, wonach es ihn so sehr gelüstet.

Übrigens ist es nötig, daß die Vorhersage der Mathematiker über die Finsternis eintrifft. Wenn sie eher einträfe oder viel größer oder kleiner wäre, oder wenn die Dauer viel größer oder kleiner wäre, so wäre der Präsident der Mathematik [Astrologie] mit seinen Mitarbeitern in Gefahr, seine Stelle zu verlieren. Aber die Mandarine, die mit der Beobachtung betraut sind, bringen die Sache richtig in Ordnung. Was sich auch ereignet, alles ist äußerst genau, und – vorausgesetzt, daß die Offiziere bestochen sind – man befindet sich immer in Übereinstimmung mit dem Himmel.»[13]

Zu den Aufgaben der Astrologen gehörte es selbstverständlich ebenso, individuelle Horoskope und Orakeltexte anzufertigen. Wie in Babylon betrafen die ersten Horoskope nur den Herrscher und Staatsangelegenheiten. Die ursprünglich wichtigsten Elemente der Horoskopdeutung waren die jeweilige Höhe des Mondes am Himmel (Deklination) und seine Konjunktionen (Zusammenstände) mit den Planeten und Fixsternen, die Position der Sonne und ihre Farben bei Auf- und Untergang und schließlich die Konjunktionen der Sonne mit Planeten und Fixsternen. Im Gegensatz zu Babylon spielte der Aszendent nur eine untergeordnete Rolle. Wichtig waren in China hingegen der Stand von Sonne und Mond in den 28 Mondstationen.

Interessante Aufschlüsse über die Tätigkeiten des praktischen Astrologen gibt uns das Tagebuch Marco Polos, der China im 13. Jahrhundert bereiste. In manchen Städten, so schrieb er, wirkten Tausende von Astrologen. Sie machten Wetter- und Kriegsprognosen und – besonders für den Kaiser – politische Vorhersagen. Niemand traute sich, eine Reise ohne den Rat eines Astrologen anzutreten. Über Chinas Hauptstadt schrieb Marco Polo: «[...] andere Straßen werden von Sterndeutern bewohnt, welche auch Unterricht im Lesen und Schreiben geben.»[14] Kulturgeschichtlich bemerkenswert ist hier, daß der Beruf des Lehrers mit dem des Astrologen identisch war.

Ein anderes Betätigungsfeld der Sternenkundigen waren Beerdigungen:

«Beim Tode einer Person von Rang, deren Körper verbrannt werden soll, rufen die Verwandten die Sterndeuter zusammen und machen sie mit Jahr, Tag und Stunde bekannt, in welcher der Hingeschiedene geboren worden; darauf befragen jene die Zauberscheibe, und wenn sie nun die Konstellation oder das Zeichen und die darin vorherrschenden Planeten bestimmt haben, so zeigen sie den Tag an, an welchem das Leichenbegräbnis stattfinden soll. Wenn es sich ereignen sollte, daß derselbe Planet dann gerade nicht im Aufstieg wäre, so verordnen sie, daß der Körper eine Woche oder mehr und zuweilen bis zu 6 Monaten aufbewahrt werde.»[15]

Selbst noch am verabredeten Tag machte der Astrologe bisweilen einen Strich durch die Rechnung der Angehörigen. Er konnte nämlich befehlen, daß die Leiche in einer bestimmten Richtung aus dem Haus getragen werden mußte, so daß es manchmal notwendig war, die Mauern einzureißen...

In neuerer Zeit halfen die Astrologen bei der Planung militärischer Unternehmungen genauso mit, wie dies im alten China der Fall war, so z. B. während des Tiengtsien-Aufstands 1870 oder beim Boxer-Aufruhr 1900. Die Kaiserin Tzu Hsi ließ sich fortwährend von Astrologen beraten. Als sie am 27. 11. 1909 um 17.17 Uhr beerdigt wurde, geschah dies genau zu dem von den Astrologen bestimmten Zeitpunkt.

In Japan, wo sich die Astrologie stark an China orientierte, spielten astrologische Deutungen im öffentlichen Leben ebenfalls eine wichtige Rolle. Lily Abegg, eine Journalistin und Asien-Kennerin, die sich während des Zweiten Weltkriegs in Japan aufhielt, schreibt hierüber:

«Jeder Ausländer, der nach Ostasien kommt, ist zunächst befremdet über den ungeheuren Einfluß, den Astrologie, Wahrsagerei und Orakel dort auf das tägliche und praktische Leben ausüben. So wurden z. B. zu Anfang des Krieges in Tokio Geschichten darüber erzählt, daß der Tag für den Angriff auf Pearl Harbour auf Grund eines alten Mondorakels bestimmt worden sei, während andere behaupteten, es sei auf Grund des «Eki» – des I Ging – geschehen. Gegen Schluß des Krieges wurden übrigens die Eki-Deuter und andere Wahrsager von der Polizei von den Straßen verjagt, weil ihre Prognosen zu wenig mit der offiziellen Regierungspropaganda übereinstimmten. Tatsächlich sahen sich diese Wahrsager, wie ich selber feststellen konnte, obwohl sie sich bemühten, gute japanische Patrioten zu sein, nicht imstande, irgend etwas anderes als Katastrophen vorherzusagen.»[16]

V.

INDIEN

Wenn in Indien behauptet wird, das erste einheimische Astronomiebuch *Surya Siddhanta* sei im Jahre 2163102 v.Chr. veröffentlicht worden, so müssen wir dies natürlich nicht ernstnehmen. Auf alle Fälle jedoch ist die Astrologie den Indern schon immer wichtig gewesen. Bereits in den *Veden* (ab 1500 v. Chr.) findet sich eine Reihe von astronomischen Angaben, die in Beziehung zum täglichen Leben, insbesondere zum religiösen Leben, gesetzt wurden. Auch in den *Brahmanas* und in bestimmten Sutren finden sich solche Beschreibungen. Im *Rig-Veda* gibt es sogar eine Stelle, die eventuell auf eine frühe Kenntnis der zwölf Sternbilder hindeutet: «Mit zwölf der Speichen – denn sie altern nimmer / Dreht um den Himmel sich das Rad der Ordnung.»

Die Beobachtung, daß der Mond bei seinem Weg immer wieder dieselben Sternbilder in der Nähe der Ekliptik besucht, führte *spätestens* um ca. 1000 v.Chr. zur Einführung von 27 bzw. 28 Mondhäusern, die eine bestimmte Art von lunarem Zodiak bilden. Die Historiker sind sich noch unsicher darüber, ob diese sogenannten nakshatras (das Wort bedeutet ursprünglich Stern) aus Babylon oder China entlehnt wurden, oder ob sie selbständig in Indien entwickelt wurden. Vereinzelt wurde der Ursprung der nakshatras in das 24. (J. B. Biot) und sogar bis ins 31. Jahrhundert v. Chr. (S. B. Dikshit) zurückdatiert.[1]

Eine besondere Form der indischen Divination ist die Palmblattastrologie. Sie beruft sich auf ein Buch eines Weisen mit Namen Bhrigu, das schon in der *Bhagavad Gita* erwähnt wird. Jener Bhrigu soll in tiefer Versenkung gesehen haben, welche Menschen (auch Europäer!) in späteren Jahrhunderten einmal zu einem indischen Palmblattastrologen kommen würden. Auf unzähligen Palmblättern fertigte der Weise nun ein Archiv mit den entsprechenden Lebensläufen an.

In ganz Indien soll es nur noch drei Astrologen geben (in Neu-Delhi und Bombay), die echte Unterlagen aus diesem System besitzen. Trotzdem gibt es in jeder indischen Stadt Dutzende von selbsternannten Palmblattastrologen. Diese seltsame Form der Astrologie hätte ich an dieser Stelle mit keinem Wort erwähnt, wenn mir nicht vor mehreren Jahren ein deutscher Ingenieur – der, nebenbei bemerkt, auf mich einen völlig normalen Eindruck machte – folgende Geschichte erzählt hätte:

Auf einer Urlaubsreise drängten ihn indische Freunde in Neu-Delhi, er solle einen Palmblattastrologen aufsuchen. Der Ingenieur faßte die ganze Sache als Spaß auf, weil er als Naturwissenschaftler solche Dinge ablehnte; ohne das Drängen der Freunde wäre er auch wohl nicht zu dem Astrologen gegangen. Um die Sache vor den anderen als Unsinn zu entlarven, gab er dem Astrologen eine falsche Geburtsangabe; dieser zog sich für längere Zeit in sein Archiv zurück und kam dann grinsend wieder zurück. Auf dem uralten Palmblatt war zu lesen, daß sich der betreffende Europäer an einem Dienstag einfinden (was stimmte!) und eine falsche Geburtsangabe machen würde (das Datum war angegeben), weil er das Ganze für Humbug hielt. Die richtigen Geburtsdaten enthielt das Palmblatt ebenfalls, was der Ingenieur mit Bestürzung zugeben mußte. Desweiteren mußte er alle auf dem Palmblatt angegebenen Details aus seinem Leben ebenfalls bestätigen. Diese Erfahrung mit der Palmblattastrologie berichte ich nur, weil sie mir persönlich mitgeteilt wurde; welche Schlüsse aus ihr zu ziehen sind, überlasse ich ganz den Leserinnen und Lesern.

Bei allen Formen der indischen Astrologie spielt die Lehre von Karma und Reinkarnation eine große Rolle. Im Gegensatz zu den breiten Volksmassen und im Widerspruch auch zu den Palmblattastrologen waren die Brahmanen zum großen Teil Gegner einer einseitig fatalistisch ausgerichteten Astrologie. Entgegen dem, was die meisten Europäer denken, bedeuten Reinkarnation und Karma (Gesetz von Ursache und Wirkung) nicht die völlige Vorherbestimmung des Menschen. Die Brahmanen, aber auch die Buddhisten gehen davon aus, daß man sich die Umstände der nächsten Inkarnation positiv gestalten könne, wenn man *heute* ein religiöses Leben führt und im Alltag immer die richtigen Entscheidungen trifft.

Von diesem höheren Standpunkt aus betrachtet, hat das Horoskop die Aufgabe, dem Menschen bei der Bewältigung der jetzigen Probleme die richtigen Hinweise zu geben. Überhaupt unterscheidet sich die indische Astrologie von der westlichen vor allem durch die intensive Verbindung mit Philosophie und Religion. Fast alle Hindu-Astrologen entstammen der höchsten Priesterkaste, und demzufolge wird ihre Kunst als «göttlich» angesehen. Die Astrologie gilt als eine der sechs «angas» (Hilfen), um die vedischen Texte besser verstehen zu können. Nach der *Garga-Sanhita*, einer Lehrtextsammlung, benannt nach dem Weisen Garga aus dem zweiten Jahrhundert v. Chr., soll die Astrologie vorwiegend religiösen Zwecken dienen; vor allem soll sie helfen, Planeten-Dämonen und böse Geister zu besänftigen. Für die entsprechenden Riten ist der *Atharva-Veda* zuständig.[2]

Ohne Zweifel beruhen die meisten Elemente der heutigen indischen Astrologie auf griechischen Vorbildern. Auch berühmte Astrologen, wie der im 6. Jahrhundert n. Chr. lebende Varah Mihira, geben dies zu. Zu seinen Lebzeiten gab es in ganz Indien mehrere anerkannte astrologische Schulen, die sowohl von Hindus als auch von Buddhisten besucht wurden. In der schon erwähnten *Garga-Sanhita* lesen wir: «Die Griechen sind zwar Barbaren, aber bei ihnen ist die astrologische Wissenschaft fest begründet; darum wurden sie gleich heiligen Sehern verehrt.»[3]

Die griechischen Ideen sickerten seit der Gründung von Alexandria in Indien ein. Zeugnis davon legen viele sprachliche Übernahmen bei astrologischen Fachausdrücken ab, die für einige Zeit parallel zu indischen Übersetzungen angewandt wurden: Ara = Ares (Mars), Heli = Helios (Sonne), Asphujit = Aphrodite (Venus), Tavuri = Taurus (Stier), Pathona = Parthenos (Junfgrau) u. a.

Die Anforderungen, die in jener Zeit an einen Berufsastrologen gestellt wurden, waren recht hoch. Nach Varaha Mihira muß ein Astrologe von guter Herkunft sein, ein angenehmes Gesicht und einen ebenmäßigen Körper haben; außerdem müssen Hände, Füße, Nägel, Augen, Zähne, Ohren, Augenbrauen, Stirn und Kinn harmonisch wirken und die Stimme muß wohlklingend sein. All dies ist wichtig, denn «in der Regel besteht ein Zusammenhang zwischen den guten und schlechten moralischen Eigenschaften eines Menschen und seinem Aussehen.

Weiter wird von ihm Sittenstrenge, Wahrhaftigkeit, Edelmut,

Schlagfertigkeit, Scharfsinn, Wissen, Milde und Güte verlangt, er darf weder aufgeregt noch boshaft sein und muß durch sein Wissen seine Studiengenossen überragen, damit er durch seine erfolgreiche Tätigkeit den Ruhm der Wissenschaften vermehrt. Er muß nicht allein befähigt, sondern auch frei von Lastern sein, die Sühneopfer kennen, Heilkunde und die Weiße Magie beherrschen, fromm und gottesfürchtig leben, fasten und sich Bußübungen auferlegen. Er muß einen hervorragenden Geist besitzen, um in hinreichender Weise jede Frage beantworten zu können, ausgenommen in solchen Fällen, wo seinen Kenntnissen durch übernatürliche Einflüsse Grenzen gesetzt sind. Schließlich muß er sehr erfahren in Astronomie, Horoskopie und der natürlichen Astrologie sein.»[4]

Nach dem obigen Zitat könnte man glauben, astrologische Kenntnisse seien fast die letzten, die ein Astrologe besitzen müsse ... Tatsächlich jedoch wurden zu Mihiras Zeiten die astrologischen Praktiken schon eng an politischen Erfordernissen orientiert. In der Fortsetzung des obigen Zitats lesen wir bei Mihira:

«Ein Fürst, welcher einen in allen Zweigen der Horoskopie und Astronomie erfahrenen Astrologen nicht ehrt, wird Kummer erleiden und zugrunde gehen. [...]

Ein Fürst ohne einen Astrologen ist wie die Nacht ohne Licht oder der Himmel ohne Sonne; wie ein Blinder irrt er umher. Ohne Astrologen gerieten die Stunden, Zeitabschnitte usw. in heillose Verwirrung, daher ziemt es sich wohl für einen Fürsten, der siegreich und glücklich werden will, sich die Dienste eines erfahrenen Astrologen zu sichern. Keiner, der glücklich sein will, sollte in einer Gegend leben, wo es keine Sterndeuter gibt, denn der Astrologe ist das Auge des Landes, und wo er wohnt, geschieht kein Unglück. [...]

Einen angeblichen Astrologen ohne wissenschaftliche Vorbildung darf man nicht um Rat befragen. Wer ohne wissenschaftliche Vorbildung das Gewerbe eines Astrologen ausübt, ist ein Bösewicht. [...]

[...] ein einziger Astrologe, der den rechten Zeitpunkt angeben kann, vermag einem Fürsten größere Dienste zu leisten als 1000 Elefanten und 4000 Rosse.

Unglück, böse Omen, schlimme Träume, Gedanken und Taten werden an Wirkung verlieren, wenn man den Lauf des Mondes durch die Sternbilder kennt.»[5]

Varaha Mihira, der berühmteste indische Astrologe aller Zeiten, gliederte die Astrologie in drei Gebiete:

1. Der rein mathematische Teil (Ganita oder Tantra), der unserer Astronomie entspricht. – In diesem Zusammenhang ist der Astrologe bzw. Astronom Aryabhata (um 500) zu erwähnen. Er behauptete damals schon, daß sich die Erde um die eigene Achse drehe, doch leider hat sein Wissen keine Verbreitung gefunden. Aryabhata erklärte auch das Wesen von Sonnen- und Mondfinsternissen.[6]
2. Die natürliche Astrologie (Shaka oder auch Sanhita genannt), die sich mit Omen *aller* Art befaßt, sowohl unmittelbar astrologischen, als auch meteorologischen und vielen anderen.
3. Die Horoskopie (Hora oder Jataka genannt), die folgende Punkte behandelt: die Kräfteverhältnisse der Planeten und Sternbilder und die Eigenschaften, Dinge und Handlungen, die ihnen unterstehen: Empfängnis, Geburt, Lebensdauer, Schicksal und Konstellationen, unter denen üblicherweise Könige geboren werden.

Einen speziellen Zweig der Astrologie bildet die Yogayatra. Sie behandelt alle Vorzeichen, die ein in den Krieg ziehender Herrscher zu beachten hat. Ein anderer Zweig ist die Muhurta-Astrologie, die sich mit den günstigen Zeitpunkten für Eheschließungen, Reisen beschäftigt.

Die allgemeinen Planetenbedeutungen schlüsselt Varaha Mihira wie folgt auf: Seele (Sonne), Geist (Mond), Stärke (Mars), Wunsch (Venus), Sprache (Merkur), Weisheit (Jupiter) und Kummer und Sorge (Saturn).

Wie im Abendland sind die Planeten auch mit bestimmten mythologischen Gestalten und mit den Wochentagen verbunden:

Sonntag	–	Ravivara	entspricht dem Sonnengott Ravi (Surya)
Montag	–	Somavara	entspricht dem Mondgott Soma oder Chandra
Dienstag	–	Mangalavara	entspricht dem Marsgott Mangala
Mittwoch	–	Budhivara	entspricht dem Merkurgott Budha (Budhi)

Donnerstag	–	Gurvara	entspricht dem Jupitergott Brihaspati (ein großer Guru bzw. Lehrer)
Freitag	–	Shukrivara	entspricht dem Venusgott Shukra
Samstag	–	Shanivara	entspricht dem Saturngott Shani oder Manda

Anders als in Babylon wurden die Planeten nur nach niederrangigen Göttern benannt. Doch Varaha Mihira bemerkt, daß die Planeten den großen Göttern indirekt unterstehen: die Sonne dem Agni, der Mond dem Gott der Nacht, Varuna, Mars dem Kriegsgott Kartikkeya, Merkur dem Vishnu, Jupiter Indra, Venus Shakti und Saturn Prajapati.

Zugeordnet wurden die einzelnen Planeten auch den Kasten: Venus und Jupiter herrschen über die Brahmanen, Mars und Sonne über die Krieger und Adligen, der Mond über Handwerker und Kaufleute, Merkur über die niedrige Kaste der Shudras und Saturn schließlich über alle Mischkasten.

Von besonderer Bedeutung für die indische Astrologie sind die beiden Mondknoten oder «Drachenpunkte» Rahu und Ketu; astronomisch gesehen stellen sie die beiden Schnittpunkte der Mondbahn mit der Ekliptik dar – sie werden im indischen Horoskop wie Planeten behandelt. Aus mythologischer Perspektive sind Rahu und Ketu Dämonen. Einstmals waren die Götter übereingekommen, das Milchmeer umzubuttern, um so den Unsterblichkeitstrank zu gewinnen. Als dies nach vielen Mühen endlich gelang, entstand ein großer Zank. Ein gewitzter Dämon verwandelte sich bei dieser Gelegenheit in einen Gott und kostete von dem Nektar. Sonne und Mond (Surya und Chandra) bemerkten den Betrug jedoch sogleich und meldeten es Vishnu. Dieser hieb den Dämon in zwei Teile. Durch die Wirkung des Nektars starb er jedoch nicht, sondern lebte weiter als Rahu (Kopf des Dämons) und Ketu (Körper und Schwanz).[7]

Erwähnt werden müssen noch die zwölf Tierkreiszeichen; sie entsprechen im wesentlichen den unsrigen, so z. B. Mescha (Widder) und Simha (Löwe). Nur der Steinbock heißt in Indien Delphin (Makara) und weist damit in Richtung Babylon, wo er ebenfalls ein Fisch war (Ziegenfisch).

Eine weitere Besonderheit der indischen Astrologie ist die vorwiegende Benutzung des siderischen Tierkreises (Fixsterntierkreis) statt des tropischen wie heute in Europa. Den siderischen Gürtel nennt man «nirayana»; sein Beginn, 0 Grad Widder, ist für den Inder nicht mit dem Frühlingspunkt identisch, sondern mit dem Fixstern Revati im Sternbild Widder.

Ansonsten werden in Indien die Tierkreiszeichen, Aspekte (Winkel der Planeten untereinander) und die Häuser bzw. Felder[8] ähnlich gedeutet wie schon im antiken Rom und Griechenland.

Im heutigen Indien besitzt die Astrologie immer noch eine wichtige Funktion. Während die Reichen ihren Hausastrologen haben, der bei wichtigen Entscheidungen immer konsultiert wird, geht der Arme zum Straßenastrologen an der nächsten Ecke. Im Krankheitsfall wird ein wohlhabender sogar den Astrologen fragen, ob der schlechte Gesundheitszustand auch lange genug andauere, so daß es sich lohnt, nach dem Arzt zu schicken...

Öffentliche Gebäude und Privathäuser werden oft noch unter der Beratung von Astrologen gebaut. Bei Reisen und Umzügen versteht sich der kompetente Rat des Himmels ohnehin als Selbstverständlichkeit. Was das Gesundheitswesen anbetrifft, ist sogar erörtert worden, ob an den Fußenden von Patientenbetten neben der Fieberkurve nicht auch das Horoskop befestigt werden solle.

Bei Eheschließungsverhandlungen zwischen zwei Familien sind die Horoskope der Partner meist das wichtigste Kriterium. Wenn sich die Geburtsbilder nicht ergänzen, ist eine Heirat ausgeschlossen! Trotzdem sind natürlich auch Astrologen nur Menschen, und ein wenig «Bakschisch» kann sie stimulieren, die Sterne eine freundlichere Sprache sprechen zu lassen...[9] Von der Zeugung eines Kindes wird vielerorts abgeraten, wenn gerade der 4., 8., 9. oder 14. Tag des Mondkreislaufes erreicht ist oder es Samstag oder Dienstag ist. Nicht selten wird der Zeugungsakt zu der vom Astrologen festgesetzten Zeit vollzogen.

Wie man sieht, weist die Astrologie in Indien viele Züge auf, die der Entwicklung zu einem modernen Land stark entgegenstehen. Jawaharlal Nehru, der erste Ministerpräsident Indiens, wollte denn auch deswegen die Anwendung der Astrologie einschränken. Wie intensiv jedoch die indische Seele von der Astrologie ergriffen worden ist, zeigt Nehrus Brief an seine Schwester, in dem es um die Geburt von Nehrus erstem Enkelsohn geht (1944):

«In meinem Brief an Indu machte ich ihr den Vorschlag, Dich darum zu bitten, ein von einer fähigen Person angefertigtes genaues Horoskop zu beschaffen. Solche bleibenden Aufzeichnungen über Datum und Stunde der Geburt sind wünschenswert. Was die Zeit angeht, so nehme ich an, daß die genaue Sonnenzeit genannt werden sollte und nicht die natürliche Zeit, die heute überall draußen in der Welt benutzt wird. Die Kriegszeit ist mindestens eine Stunde vor der normalen Zeit [...]»[10]

Als weiteres Beispiel für die Bedeutung der Astrologie im Alltag sei aus den Erfahrungen eines deutschen Lebensversicherungsagenten bei seiner indischen Geschäftsstelle zitiert:

«Hier (in Indien) gibt es keine Taufscheine. Dafür hat aber jedermann, auch wenn er nicht einmal lesen kann, ein Horoskop, und in dem sind Tag und Stunde der Geburt auf das genaueste verzeichnet. So kommt es, daß unsere indische Geschäftsstelle einen eigenen Horoskopleser hat, der diese oft reichlich krausen und unhandlichen Schriftstücke zu entziffern versteht. Sie sind zwar nur eine Handspanne breit, aber oft mehrere Meter lang und werden in Rollenform aufbewahrt.»

Anschließend wird erzählt, daß der Betreffende alle Einzelheiten seines Schicksals daraus entnimmt. Der Bericht fährt fort:

«Und nun kommt das Überraschendste der Geschichte: diese Voraussagen *stimmen*! Der Schreiber dieser Zeilen gehört, wie er betonen möchte, zu den Leuten, die von der ganzen Astrologie Null Komma nichts glauben [...] Wir haben unseren Horoskopleser in Delhi um eine kurze Äußerung über diese indischen Horoskope gebeten. Er hat dafür einen ungemein eindringlichen Vergleich gebraucht: ‹Diese Himmelskarte der Geburt ist ein Atlas der Lebensreise. Man muß ihn nur zu lesen verstehen, und dann wird er dem Wanderer auf Erden bald so unentbehrlich, wie es dem Seefahrer, der sicher zu steuern gedenkt, die Seekarten sind. Niemand kann all die Möglichkeiten, die sich ihm in der Welt bieten – die materiellen wie die geistigen – voll ausnützen ohne tiefe und gründliche Kenntnis seines Horoskops.› Das ist nicht

Übertreibung eines Begeisterten, sondern reine Tatsache (*a cold fact!*).»[11]

Die Art des Umgangs mit der Astrologie ist sicherlich auch eine Frage der Reife des einzelnen. Daß es in Indien auch eine ganz andere Einstellung zur Astrologie gibt, zeigt folgendes kurzes Märchen, das ich einer alten Sammlung von buddhistischen Geschichten entnehme und hier nacherzähle:

Die Geschichte vom Horoskop

Als vor langer Zeit in Benares König Brahmadatta regierte, wählte eine städtische Familie für ihren Sohn ein Mädchen vom Lande zur Ehefrau. Die Leute aus der Stadt hatten schon den Tag der Eheschließung beschlossen. Doch erst am Tag der Hochzeit fragten Vater und Mutter des Bräutigams einen nackten Yogi, den sie kannten: «Lieber Asket, wir haben heute eine große Feierlichkeit. Bringt uns das Horoskop des Tages Glück?» Der Yogi dachte gekränkt und wütend: «Ganz allein haben sie das Datum festgelegt und erst jetzt kommen sie zu mir. Dafür werde ich mich rächen und ihnen die Hochzeit verderben.» Daraufhin sagte er zu ihnen: «Das Horoskop ist heute ziemlich ungünstig! Wenn ihr trotzdem das Fest abhaltet, wird ein großes Unglück geschehen.» Die Familie aus der Stadt schenkte seinen Worten Glauben, und sie gingen nicht zum Haus der Braut.

Die Eltern des Mädchens warteten vergebens und dachten bei sich: «Die Familie des Bräutigams kommt nicht, obwohl sie doch selbst das Datum festgelegt hat. Es wäre töricht, weiterhin auf sie zu warten.» Und so gaben sie ihre Tochter am selben Tage einem anderen Mann zur Ehefrau.

Am nächsten Tag kamen die Städter und verlangten das junge Mädchen. Da sagten jene vom Lande: «Ihr Städter habt doch kein Schamgefühl im Leib. Erst legt ihr den Tag der Hochzeit fest, und anschließend versetzt ihr das arme Mädchen. Nun haben wir es mit einem anderen getraut.» Die Städter sagten daraufhin: «Wir haben einen Yogi nach dem Horoskop befragt, und er sagte uns schlimme Dinge für den

Hochzeitstag voraus. Nur deswegen sind wir nicht gekommen. Bitte gebt uns eure Tochter heute!» Doch die Eltern des Mädchens blieben unerbittlich: «Sie ist schon verheiratet. Wie könnten wir sie euch geben?»

Auf diese Weise stritten sie eine Zeit lang. Dann kam ein alter weiser Mann aus der Stadt an jenem Haus vorüber. Er vernahm gerade noch den letzten Teil des Gesprächs, als die Städter sagten: «Wir haben einen Yogi nach dem Horoskop befragt, und er sagte uns Unglück voraus.» Da sprach der Weise: «Was soll das Gerede um das Horoskop? Ist nicht die Verbindung mit einem edlen, schönen Mädchen das beste Horoskop? Nur ein Dummkopf richtet sich nach dem Stand der Sterne.» Unverrichteter Dinge mußten die Städter wieder nach Hause ziehen.[12]

VI.

ÄGYPTEN

Wie in China war auch in Ägypten die Haltung des Menschen von einer kosmischen Weltsicht geprägt.[1] Schon früh stellte man sich in mythologischer Sichtweise den Himmel als einen Falken vor, der mit seinen Flügeln die Lande am Nil und die Welt überspannte. Sonne und Mond galten als die Augen des Falken. Der ihm beigegebene Name Horus bedeutete «der Ferne».

In einer anderen bildhaften Vorstellung wurde der Himmel als Frau, als Himmelsgöttin Nut, aufgefaßt, die sich – geschützt von «Schu», dem Gott der Leere – mit Händen und Füßen über den als Mann gedachten Erdgott «Geb» stützt. Das Verschwinden und Wiedererscheinen der Gestirne erklärte man mit dem Bild der verschlingenden Mutter: Nut verschlucke ihre Kinder, um sie anschließend wieder zu gebären.

Erwähnt sei auch noch eine weitere Vorstellung des Himmels als eine auf ihre vier Beine gestützte große Kuh, auf deren Bauch die Sterne gleichsam als «Schiffe» entlang fuhren.

Höchst eigenartig wirken auf uns heute der in Ägypten verbreitete Tierkult und eine damit verknüpfte magische Praktik. Immer wieder findet man Darstellungen von Göttern als Tiere oder als Menschen mit Tierköpfen. Mit dem astrologischen Tierkreis haben diese Tiere allerdings nichts zu tun.

Unter der fast verwirrenden Menge von Tieren, die in Ägyptens Götterwelt eine Rolle spielten, finden wir u.a. Krokodil, Stier, Schakal, Sperber, Kuh, Bock, Ibis, Katze, Gans, Widder und Skarabäus (von diesen Tieren kommen natürlich einige auch im babylonischen Tierkreis und in der ägyptischen Dodekaoros-Reihe vor). Als Götter mit einem Tieremblem seien hier Amun mit dem Widdergehörn und Anubis mit dem Hundekopf aufgezählt.

Heilig waren in Ägypten nicht nur viele Tiere, sondern auch Sonne,

Mond und Gestirne. Den Sonnenkult erwähnten wir schon an früherer Stelle in Verbindung mit Echnatons Sonnengesang. Sonnengötter waren in alter Zeit Re in Unterägypten, Atum in Heliopolis und Horus in Edfu. Thot war der altägyptische Gott des Mondes, des Kalenders und des Rechnens. Später stieg er auf zum Gott des Wissens und der Magie und wurde mit Hermes-Merkur gleichgesetzt. Wie das griechische Pendant war auch Thot ein Begleiter der Seelen nach dem Tod.

Es scheint, als ob das Leben im Jenseits die Phantasie der Ägypter mindestens so stark beschäftigte wie das diesseitige Dasein. Man war davon überzeugt, daß das Fortleben nach dem Tod von der Erhaltung des Körpers abhängig sei – ein wesentlicher Auftrieb für die Mumifizierung, die ursprünglich nur den Herrschern zustand. Das Jenseits dachte man sich im wesentlichen als Fortsetzung des irdischen Lebens und suchte es wie dieses nach Möglichkeit mit Magie und Zauberei zu beeinflussen.

Besonders charakteristisch trat in den ägyptischen Jenseitsvorstellungen das Totenschiff oder die Seelenbarke hervor, die wir schon im Kapitel über den Mond mit dessen Erscheinungsbild in Zusammenhang brachten. Natürlich spielte auch im Alltagsleben der Transport per Schiff auf dem Nil eine wichtige Rolle und hatte eine Vorbildfunktion.

So wie der Sonnengott Re nachts die Unterwelt durchschiffte, so fuhr mit ihm auch der Tote auf einem Schiff durch die Unterwelt. Auch dort, so stellte man sich vor, durchströmte ein Nil die fruchtbaren Felder, die es auch im Jenseits zu bearbeiten galt – was allerdings nicht unbedingt als verlockend erscheinen mußte. So versuchte man den erwarteten freudlosen Aufenthalt im Jenseits durch magische Handlungen doch noch erträglich zu gestalten. Wenigstens in den jenseitigen Gefilden wollte man es sich nach einem harten Diesseitsleben einigermaßen bequem machen.

Sich während des Lebens auf das Kommende vorzubereiten, war um so wichtiger, als man davon überzeugt war, daß die Dreiheit von Osiris (Sohn des Erdgottes Geb und der Himmelsgöttin Nut), Horus und Anubis dem Menschen beim Totengericht gegenübersteht. Bei diesem Gericht wurden die Taten des vergangenen Lebens gewogen, wobei der ibisköpfige Thoth das Resultat festhielt, um es Osiris, dem eigentlichen Herrn des Westreiches oder Totenreiches, mitzuteilen. – In diesem Zusammenhang ist desöfteren darüber spekuliert worden, ob nicht die Waage des Anubis das Vorbild für das zuletzt entstandene Tierkreiszeichen Waage abgegeben habe; diese Vermutung läßt sich weder einfach von der Hand weisen noch untermauern.

Auch nach dem Tod ist der Leichnam noch innig mit der Himmelswelt verbunden. In zahlreichen Särgen ist die dem Toten zugewandte Seite des Sargdeckels mit den Namen, Bildern und Gottheiten der Gestirnswelt geschmückt. Hinzu kommen astronomische Darstellungen, welche die Decken der Grabgewölbe von Pharaonen und vornehmen Ägyptern zieren; sie stammen alle aus einer Zeit, in welcher uns kein Zeugnis aus Babylon etwas Äquivalentes zeigen kann. In diesen altersgrauen Dokumenten werden die Götter der Fixsterne und der Planeten angerufen, dem Toten Beistand zu gewähren. Wir erfahren auch, daß der Tote selber zu einem Sterngott wird.[2]

Wurden in Ägypten auch alle wichtigen Sterne als Gottheiten aufgefaßt, so kam es vermutlich doch nicht zu einem Schlußfolgern im Sinne der babylonischen Astrologie. Dies schloß allerdings die Entwicklung einer praktisch brauchbaren Astronomie keineswegs aus. Zudem förderte die Beobachtung des für das Land lebenswichtigen Nils und seiner Überflutungen astronomische Forschungen und kalendarische Erkenntnisse. Der erste Kalender wurde in Ägypten im Jahre 2778 v. Chr. eingeführt.

Daß das Volk von der durch den Nilschlamm bewirkten Fruchtbarkeit des Bodens abhing, zwang schon früh zur Kontrolle des Zeitpunkts der Überschwemmung. Durch Himmelsbeobachtungen erkannte man, daß der hellste Fixstern, «Sothis» (Sirius), wie ihn die Ägypter nannten, das Anschwellen des Nils gleichsam ankündigte. An dem Tag, an dem Sothis zum ersten Mal wieder in der Morgendämmerung vor Sonnenaufgang sichtbar wurde (heliakischer Aufgang), begann auch ungefähr der Nil zu steigen. So wurde dieser Tag, der nach heutiger Zeitrechnung der 17. Juli ist, zum ersten Tag des Niljahres. Die Flutzeit markierte auch den Beginn der ersten von insgesamt drei Jahreszeiten. Die zweite Jahreszeit war die Saat- und Erntezeit, wenn der Nil wieder gefallen war; als dritte folgte die wasserlose Jahreszeit. Bei der Wichtigkeit von Sothis wird es uns nicht überraschen, daß dieser Fixstern in der ägyptischen Astrologie eine große Rolle spielte; viele Prognosen über Pharao und Land waren mit seiner jeweiligen Stellung am Himmel verknüpft. Wie in Babylon gab es aber zuweilen auch Aussagen über Politik und Landwirtschaft, die mit dem Auf- oder Untergang von Planeten in Sternbildern verbunden waren.

Eine zentrale Stellung im ägyptischen Deutungssystem spielen die sogenannten Dekane. Im Laufe der Zeit hatte man erkannt, daß das Jahr aus 365 Tagen bestand und bildete daraus 36 Wochen von je zehn Tagen. Die dabei fehlenden fünf Tage wurden am Ende des Jahres als Schalttage dazugezählt und dienten zur Ehrung von fünf bedeutenden Göttern: Osiris, Isis, Seth, Nephthys und Horus. Auch der Himmelsäquator wurde in 36 Teile gegliedert, nämlich in Teile von je zehn Grad (Dekane). Jeder Teil wurde von einem der als Gottheit aufgefaßten Dekansterne angeführt.

In diesem Zusammenhang ist interessant, daß schon im zweiten Jahrtausend v. Chr. die Menschen Beinamen von den 36 Dekansternen erhielten. Hierin können wir einen Vorläufer des in der Antike weitverbreiteten Glaubens an die Sternkindschaft erkennen. Römer und Griechen glaubten, daß der Mensch ein Ebenbild des jeweils zur Geburtszeit dominierenden Sterns bzw. Planeten wird. Im Gegensatz dazu trafen die Ägypter jene Zuordnung noch *nicht* nach astrologisch-astronomischen Kriterien, sondern vor allem nach magischen Gesichtspunkten. Wenn man jemandem den Namen eines Dekansterns gab, so geschah dies unabhängig vom tatsächlichen Aufstieg oder etwa der Kulmination des betreffenden Sterns am Himmel.

Hans Gundel schreibt über dieses Deutungssystem:

«Das Wesen der altägyptischen Dekane ist bis in die jüngste Zeit verkannt worden. Die Dämonen [und Götter], die sich hinter den Namen verstecken, üben ihren Einfluß nicht von einem wirklichen Stern oder Sternbild aus. Sie können als ‹Sterne› weder scheinbare noch wahre heliakische Phasen tätigen.»[3]

Nach Aby Warburg sind die Dekane «‹platter auf die Zukunft bezogener Namensfetischismus›, der seinen ominösen Charakter vollkommen beibehielt, als man begann, die Stellung der Planeten in den Zeichen zu registrieren und schließlich die Zeichendrittel mit Planetennamen zu maskieren, wie es die alten Ägypter mit Konstellationsnamen taten. Zu erwähnen ist, daß die Dekane ägyptisch ideographisch auch als ‹Stern+Gott› geschrieben werden.»[4]

Der altägyptische Dekankreis ist die älteste von uns historisch faßbare und zugleich eine typisch ägyptische Form eines festen Zodiaks; seine Entstehung läßt sich auf das vierte Viertel des dritten Jahrtausends v. Chr. festlegen.

Die einzelnen Sternbildnamen bezeichnen Götter, Lebewesen und Dinge; einige davon existieren nur als Bezeichnungen für Dekane und lassen sich sonst nicht im ägyptischen Wortschatz nachweisen. Aus diesem Grund können die betreffenden Hieroglyphen nur unvollkommen übersetzt werden. Interessantes zur Wortgeschichte finden wir auch bei Wilhelm Gundel:

«Man versteht unter Dekan entweder das ganze Drittel eines Tierkreiszeichens [erst im hellenisierten Ägypten!], das volle zehn Grad umfaßt, oder eine besondere Gottheit, welche den zehn Graden als deren Anführer gebietet... Die Wortgeschichte zeigt, daß ‹Dekan› einen Befehlshaber über zehn berittene Leute, und dann über zehn Soldaten auf den Polizeischiffen des Nil bezeichnete. Daß nun gerade die Gottheiten, welche den zehn Tagen der ägyptischen Woche und dann den damit in innerer Beziehung stehenden Bezirken von je zehn Grad der Sonnenbahn vorstanden, als solche militärische Befehlshaber angesprochen wurden, findet ein Gegenstück in den Mysterienreligionen der Antike und auch in den astrologischen Systemen, welche mit Vorliebe militärische Ausdrücke bei der Einteilung der Gestirne in dem himmlischen Heer anwenden.»[5]

Wie im obigen Zitat angedeutet, wurden die 36 Dekane in neuägyptischer Zeit in den zwölfteiligen Tierkreis eingebaut. Jeder Dekan umfaßte somit zehn Grade des Tierkreises, so daß jedes der zwölf Zeichen aus drei Dekanen bestand. Der Tierkreis ist in Ägypten erst durch babylonische und griechische Vermittlung bekannt geworden. Einzelne Sternbilder jedoch, die sich im späteren Tierkreis wiederfanden, kannten die Ägypter schon im zweiten Jahrtausend v. Chr. Die wechselseitigen Beziehungen zwischen Ägypten und Mesopotamien sind bei diesen Fragen allerdings historisch noch nicht endgültig geklärt.

Die Befruchtung Ägyptens durch andere Kulturen begann spätestens – in bezug auf die Astrologie – mit dem Einfall des babylonischen Königs Assurbanipal zwischen 671 und 663. In der darauffolgenden Zeit wurde Ägypten dann persische Provinz bis es schließlich 331 v. Chr. von Alexander dem Großen besetzt wurde.

Neben dem Dekansystem war in Ägypten auch noch ein zwölfteiliger Tierzyklus in Gebrauch (Dodekaoros), der Ähnlichkeiten mit den schon behandelten Zwölferreihen aus Asien aufweist. Die Namen der zwölf Tiere lauteten: Kater, Hund, Schlange, Käfer, Esel, Löwe, Bock, Stier, Sperber, Affe, Ibis und Krokodil. Die Tiere bezeichneten die zwölf Doppelstunden des Tages. Ebenfalls wie in Asien entsprechen die Tiere einem Zwölfjahreszyklus – analog dem zwölfjährigen Jupiterumlauf. Bislang streiten sich die Gelehrten noch, wo dieses Chronokratorensystem (Zeitherrschersystem) seinen Ausgang genommen hat und wie es sich dann regional über die Welt verbreitet hat.

Die zwölf Tiere waren in Ägypten integriert in eine Lehre, in der jeder Zeitraum eine bestimmte Qualität aufwies und zu Deutungszwecken benutzt werden konnte. Auch ohne konkreten Planetenbezug ist dies, so wie wir die Sterndeutung in den ersten beiden Kapiteln definiert haben, «pure Astrologie». Herodot berichtet uns über diese Form von Astrologie:

«Ferner ist noch folgendes der Ägypter Erfindung: welchem der Götter jeglicher Monat und jeglicher Tag heilig und was einem begegnen wird, wenn man an dem oder jenem Tag geboren wird, was es für ein Ende nehmen und was aus ihm werden wird.»[6]

Auch die ägyptische «Tagewählerei» muß in diesem Zusammenhang erwähnt werden. Zwei von Wilhelm Knappich aufgezählte Beispiele wollen wir hier anführen:

«9. Paophi: Günstig, günstig, günstig. In Freude ist das Herz der Götter, und die Menschen jubeln, denn der Feind des Ra ist gefallen. Wer an diesem Tag geboren wird, stirbt an Altersschwäche.

5. Tybi: Ungünstig, ungünstig, ungünstig. Dies ist der Tag, wo die Großen von der Göttin Sechet [altägyptische Kuhgöttin] verbrannt

wurden... Bring Opfergaben für Schu, Ptah und Tahout, Weihrauch auf den Altar für Ra und die Götter seines Gefolges. Alles, was du an diesem Tage siehst, wird ungünstig sein.»[7]

Seit der griechischen Herrschaft in Ägypten verschmolzen einheimische Deutungssysteme mit griechischen und «chaldäischen» Astrologiesystemen. In jener Zeit entstanden auch die für die Antike sehr wichtigen Astrologielehrbuchsammlungen von Hermes Trismegistos und Nechepso-Petosiris.

Trotz seines griechisch klingenden Namens war Hermes ein Gott oder Weiser, der von Thot Offenbarungswissen erhielt. Der ägyptische Thot war der Gott der Wissenschaft, der Schrift und auch der Astrologie. Jener sagenhafte Hermes trug den Titel «Dreimalgroßer»; unter seinen Schriften sollen sich auch einige mit astrologischem Inhalt befunden haben. Nach dem Geschichtsschreiber Manethon soll es sich (insgesamt) um 36525 nachgelassene Bände handeln – bescheidenere antike Autoren gehen von 42 Schriften aus.

Der Inhalt dieser als heilig angesehenen Texte ist uns durch keine einzige Originalzeile erhalten. Nur indirekt kann man sich mit diesen Schriften beschäftigen: Es existiert eine Flut antiker Texte über jene sagenhaften Bücher. Tatsächlich muß es wohl eine Originalliteratur gegeben haben, doch können wir über deren Entstehung nur Mutmaßungen anstellen.

Die meiner Ansicht nach einleuchtendste Theorie geht davon aus, daß *mehrere* ägyptische Priester in den Geheimarchiven des Gottes Thoth magische Praktiken, aber auch anderes Wissen zusammengestellt haben. Hans Georg Gundel schreibt hierzu in *Astrologumena – Die astrologische Literatur in der Antike und ihre Geschichte*:

«Daß die einzelnen oft recht verschiedenartigen Traktate insgesamt den Namen des Gottes Thoth-Hermes Trismegistos erhielten, ist aus der dem gesamten alten Orient vertrauten Anschauung verständlich, nach der ein Priester seinen Gott repräsentiert und in allem, was er als anonymer Hierogrammateus [heiliger Schreiber] sammelt und niederschreibt, die Weisheit des Gottes selber festhält. Die Sammlung solcher speziell astral gerichteter Orakelnormen dürfte die Bezeichnung ‹Hermetische Unterweisung› geführt haben.»[8]

Nach Clemens Alexandrinus hat es in Ägypten eine große Literatur unter dem Namen des Gottes Hermes gegeben, in der Astrologisches behandelt wurde. Clemens erwähnt vier Astrologiebücher. Diese mußte der Tempelastrologe bzw. Astronom «auswendig kennen und ständig im Munde führen»; ferner hatte er als Symbole der Astrologie einen Stundenzeiger und einen Palmzweig (Horologion und Phoinix) in der Hand.

Das erste dieser Bücher behandelt die Anordnung der Fixsterne, das zweite die Anordnung von Sonne, Mond und Planeten, das dritte die Konjunktionen und Lichtphasen der Sonne und des Mondes und das vierte schließlich die Aufgangszeiten der Sterne. Ferner gab es einige Bücher, die sich auf Astromedizinisches bezogen. Zur Veranschaulichung wollen wir eine Stelle aus der antiken Literatur über die Hermes-Bücher zitieren:

«Der Mensch wird von den Wissenden eine Welt genannt, weil er mit der Natur der Welt völlig übereinstimmt. Tatsächlich schießt im Augenblick der Empfängnis ein ganzer Komplex von Strahlen aus den sieben Planeten heraus, die auf jeden Teil des Menschen einwirken. Und das Gleiche geschieht zur Geburtsstunde, nach Maßgabe der Stellungen der zwölf Sternbilder. So wird der Widder Kopf genannt, und die Sinnesorgane des Kopfes verteilen sich auf die sieben Planeten. Das rechte Auge bekommt die Sonne, das linke der Mond, die Ohren Saturn [...]

Befindet sich nun im Augenblick der Empfängnis oder Geburt einer der Sterne in schlechtem Zustand, so wird in dem Körperteil, der diesem Gestirn entspricht, ein Gebrechen verursacht [...] der Strahl eines übelwollenden Planeten ist gekommen, um einen dieser Teile zu treffen, ihn zu beeinträchtigen, zu verderben.»[9]

Diese Anschauungen bildeten die Grundlage der antiken «Iatromathematik» (Astromedizin). Das Zitat macht sehr schön die mechanistische Sichtweise der antiken Astrologie deutlich.

Weitere den Hellenismus prägende Schriften waren die (neuägyptischen) Bücher von Nechepso-Petosiris. Nechepso ist der Name eines Pharao aus dem siebten Jahrhundert v. Chr.; Petosiris war vermutlich sein Priester. Über Nechepsos Persönlichkeit wissen wir nichts. Auf alle Fälle ist er nur einer von vielen Pharaonen, die sich intensiv mit astronomisch-astrologischen Fragen beschäftigt haben.

Anonyme spätere Autoren haben sich dieser beiden Namen bedient, um mehr Aufmerksamkeit zu gewinnen. Eine solche Vorgehensweise war nicht etwa unredlich, sondern in der Antike, besonders in den früheren Phasen, üblich. Die Entstehungszeit der Texte wird meist in das zweite vorchristliche Jahrhundert gelegt; in dieser Zeit war Ägypten schon hellinisiert. Der Adressatenkreis der Bücher bestand aus «königlichen Geistern», Fürsten und Priestern. Als Offenbarungsquelle nennt Nechepso den Gott Thot. Doch auch auf andere Weise erhielt er seine Kenntnisse:

«Eine ganze Nacht schaut er betend zum Himmel empor, da vernimmt er von droben herab eine göttliche Stimme ‹aus dem dunklen Gewand des Nachthimmels›. So erfährt er die ganze unvergängliche Ordnung in den Bewegungen des Weltalls.»[10]

Diese angeblich von Ägyptern griechisch geschriebenen Bücher umfassen neben ägyptischem Wissen auch babylonische Elemente. Die Anordnung der Planeten nach der Dauer ihrer Umläufe entspricht aber schon dem griechischen System.

Inhaltlich befassen sich die Texte mit allem, was für einen praktischen Astrologen wichtig war, wie z. B. die Bahnen und Wirkungen von Sonne, Mond und Planeten. Ferner ging es um die Bestimmung der Lebensdauer, um klimatische Astrologie und um Heilpflanzen und Heilsteine. Wegen all dieser praktischen Bezüge wurden die Bücher von Nechepso-Petosiris – lange vor Ptolemaeus' *Tetrabiblos* – zur eigentlichen «Astrologenbibel» der Antike. Einige Themen in diesen Schriften werden bis heute in der Astrologie kontrovers diskutiert. Hans Georg und Wilhelm Gundel äußern sich z. B. folgendermaßen:

«Das Problem jedenfalls, welche Antwort man geben solle bei einer Anfrage über eine Geburt, von der das Datum ebenso wie das der Empfängnis unbekannt ist, löst er [Petosiris] dadurch, daß er den Mondstand im Augenblick der Anfrage berücksichtigt und nach ihm das Geburtsgutachten aufbaut. Seine These, daß das Tierkreiszeichen, in dem der Mond bei der Empfängnis stand, oder das diametral gegenüberliegende Zeichen den Aszendenten der Geburt beherrscht, ist eine bis heute lebhaft diskutierte Grundfrage geworden, über die eine große Literatur aufgeschossen ist. Ptolemaeus soll darin, aber auch in der Lehre über die Kinder, dem Petosiris gefolgt sein.»[11]

Bei Nechepso-Petosiris finden sich außerdem noch Anleitungen zur Katarchen-Astrologie (Astrologie für bestimmte Handlungen, wie Hochzeit, Reisen usw.), die in Rom und Griechenland sehr populär geworden ist.

VII.

GRIECHENLAND

1. Die Anfänge der Astrologie

Wenn wir in Griechenland auch einige frühe astralreligiöse Elemente finden, z.B. den Himmelsgott Uranos, so hat sich die Astrologie doch erst sehr spät entwickelt. Die ersten einheimischen astrologischen Schriften treffen wir erst ab dem 4. Jahrhundert v.Chr. an. Von einer allgemeinen Verbreitung astrologischen Wissens war man aber – besonders in der Zeit der frühen Klassik – noch weit entfernt.

Allgemeine Omensysteme und Orakel gab es natürlich auch schon im frühen Griechenland. Im 8. Jahrhundert v.Chr. behandelte der Dichter Hesiod die Tagewählerei, die wir schon in Ägypten kennengelernt haben: Unabhängig von tatsächlichen Himmelskonstellationen wurden einzelne Tage mit bestimmten Göttern verknüpft und galten, je nach der Natur der Götter, als gut oder böse. Im selben Jahrhundert berichtet uns Homer, daß der Beginn bzw. das Ende der landwirtschaftlichen Arbeit mit dem Auf- und Untergang der Plejaden gekoppelt wurde. Mit Astrologie im horoskoptechnischen Sinne hatte dies aber noch nichts zu tun.

Seit dem 7. Jahrhundert v. Chr. geriet Griechenland schleichend unter den Einfluß von babylonischen Lehren. Über Daphnae, einer griechischen Ansiedlung in Ägypten, und vor allem über ägyptische Häfen, die den Griechen zur Benutzung offenstanden, gelangten immer mehr «Chaldäer» (d.h. Astrologen aus Mesopotamien) nach Griechenland. Dabei kam es auch zu einer Vermischung von ägyptischem und babylonischem Wissen. So übernahmen z.B. die Griechen viele Tierkreiszeichen aus Babylon, doch das erste Zeichen nannten sie nicht «Tagelöhner», wie in Mesopotamien, sondern «Widder», was auf eine ägyptische Herkunft hinweist.[1]

Trotz ihrer späten Beschäftigung mit der Astrologie können die Griechen für sich in Anspruch nehmen, die im späten Babylon aus der Taufe gehobene Individualastrologie zur Blüte geführt zu haben. Die wichtigste Grundbedingung hierfür scheint die demokratische Struktur des Landes gewesen zu sein. Elitär ausgerichtete Astrologenpriester mit politischen Funktionen, wie in Babylon, hat es hier nie gegeben. Wie zutreffend unsere Vermutung ist, beweist gerade die Entwicklung im späten Mesopotamien: Erst als die Astrologenpriester ihre einflußreichen Positionen verloren hatten, boten sie ihre Künste dem Volk an und wurden zu «gewöhnlichen» Astrologen. In Griechenland kam noch hinzu, daß die verstreuten Stadtstaaten und Inseln eine strenge Einheit nicht zuließen und so demokratischere Strukturen begünstigten.

Entgegen den Verhältnissen im Zweistromland überließen die Griechen die Himmelskunde nicht dem Klerus, sondern Philosophen, Wissenschaftlern und Dichtern. Ab dem 4./3. Jahrhundert v. Chr. setzten sich die astrologischen Lehren auch in der Bevölkerung fest. Der Komiker Sotades geißelte in jener Zeit die Sucht des Menschen, das kommende Schicksal aus den Sternen vorherzusagen. Was die Himmelskonstellationen betraf, waren nun alle Menschen gleichgestellt: Der König hatte in seinem Horoskop dieselben Planeten wie Kaufleute, Seefahrer oder Bauern. Will-Erich Peuckert weist auf die große Bedeutung dieses Umstands hin:

«Gewiß, das äußere Leben hat noch viele und gewaltige soziale Unterschiede, wenn aber die Bettler am Piraios und die Sklaven ihre Schicksale in den Sternen finden, dann sind sie nicht mehr Dreck und Staub, sondern sie sind ein Jemand, sie sind wer. Der Weg zum einzelnen und selbständigen Individuum ist hier erschlossen und beschritten worden – sicherlich noch nicht von allen und nur für eine kurze Zeit, aber er ist doch schon gedacht und, wenn auch vielleicht noch nicht bewußt, so doch schon als ein gangbarer Weg empfunden worden.»[2]

Mehr als in irgendeinem anderen Land haben Philosophen Beiträge zur Astrologie geliefert oder Vorbedingungen für ihre Entwicklung geschaffen. Aus diesem Grund wollen wir uns ausführlicher mit den großen griechischen Denkern auseinandersetzen.

Mit Thales von Milet (625–540) begann die ionische Naturphilosophie. Seiner Lehre nach ist die Welt aus dem Wasser entstanden. Als erster Grieche soll er eine Sonnenfinsternis vorausgesagt haben. Der

Legende nach hat er sich sein Wissen auf einer Reise nach Kleinasien erworben. Um den Griechen den praktischen Wert der Sternenbeobachtung zu demonstrieren, soll Thales aus seinen astronomischen Erfahrungen heraus im Winter eines bestimmten Jahres eine reiche Olivenernte vorausgesagt haben und sogleich zu einem Spottpreis alle verfügbaren Olivenpressen gepachtet haben. Als nun später die von ihm prophezeite üppige Ernte tatsächlich eintraf, wurde er zu einem reichen Mann...[3]

Anaximander (610–546) war – 2000 Jahre vor Darwin! – der Überzeugung, daß der Mensch sich langsam aus den Fisch- und Tierarten entwickelt habe. Für die Astrologie ist in Anaximanders Weltbild von Bedeutung, daß alle Dinge auf etwas Unendliches zurückgeführt werden können. Dies setzte kosmische Gesetze voraus, die im gleichen Maße Himmel und Erde beeinflußten. Grundlegend für die Astrologie ist bei Anaximander die Verwendung des Analogieprinzips: Wahrnehmbare Dinge entsprechen wesensgleichen unsichtbaren Dingen. Gemäß dem Mikro-Makrokosmosdenken, das bei Anaximander unübersehbar anklingt, korrespondiert die Gestaltung des Universums mit derjenigen des Menschen und umgekehrt.[4] Ferner ist von Anaximander bekannt, daß er sich intensiv mit mathematischen und astronomischen Fragen beschäftigt hat.

Pythagoras (ca. 570–500) war der berühmteste der vorsokratischen Philosophen. Nach längeren Reisen, die ihn auch nach Ägypten führten, ließ er sich in Unteritalien nieder und gründete eine geheime, religiös motivierte Gemeinschaft. Hier beschäftigte man sich mit Mathematik, Astronomie und Musik. Die pythagoräische Schule versuchte, eine Beziehung zwischen Zahlen, Tönen und den Umdrehungen der Himmelskörper herzustellen. Aus einfachen am Monochord abhörbaren Zahlengesetzen entwickelte sich eine besondere Verbindung von kosmischer Mathematik und Musik. Nach E. Hommel verband sich mit dieser Lehre die Anschauung, daß «das ‹Oben› die Stätte der Ruhe, des Friedens, das Reich des Lichtes und des Guten sei, der ‹Himmel›, ‹Unten› hingegen das Gebiet der ewigen Bewegung, des unruhvollen Streites. Darum bei Pythagoras die Lobpreisung der Harmonie, welche die Gegensätze ausgleicht und seine Liebe zur Musik.»[5]

Zudem betrachteten die Pythagoräer alle Gestirne mit religiöser Andacht, weil sie ihnen als Träger des lebensschaffenden Feuers und als «Wohnsitze der Seligen» galten. In unseren Tagen hat sich besonders Hans Kayser mit Pythagoras' Ansätzen beschäftigt. «Die Materie erhielt eine psychische Tektonik und das Geistige, das Reich der Ideen, einen konkreten Halt in den harmonikalen Gestalten und Formen: eine Brücke zwischen Sein und Wert, Welt und Seele, Materie und Geist war gefunden.»[6]

Die eigentliche Bedeutung der pythagoräischen Schule für die Astrologie bringen Boll und Bezold auf den Punkt: «Der Sinn dieser strengen aristokratischen Denker ist erfüllt von Ehrfurcht vor der erhabenen Schönheit und unverbrüchlichen Ordnung im Weltall, vor der vollkommenen Gesetzmäßigkeit, mit welcher, durch bestimmte Zahlenverhältnisse geregelt, die Bewegung des Himmels und der Planeten tönend vor sich geht.»[7] Durch Pythagoras wurde somit eine quasi «naturwissenschaftliche» Sichtweise des Kosmos ermöglicht.

Trotz der Entdeckung von Naturgesetzen war die Schule des Pythagoras auch eng mit religiösen Bewegungen verbunden, so vor allem mit dem Orpheus-Kult. Die Orphiker glaubten nicht nur an die Reinkarnation, sondern auch daran, daß die Sterne sichtbare Götter seien. Nach ihrer Überlieferung hat die Seele vor ihrer Geburt eine Heimat über dem Himmel. Von dort sinkt sie durch den Tierkreis herab und wird dabei belastet mit Neid, Zorn, Habsucht und anderen «tierischen» Untugenden, die ihren reinen Kern verdunkeln. Aufgabe der Seele ist es, sich von diesen tierischen Beimengungen wieder zu befreien, von der Macht des Schicksals frei zu werden, damit die denkende Seele (Nous) sich der höchsten Vernunft (Logos) annähern kann.

Zu den astralreligiösen Vorstellungen der Orphiker gehört auch folgender Mythos: Am Anfang der Welten schuf die Zeit (Chronos) das Weltenei, aus dem der Gott Phanes (der «Erscheinende») entsprang. Sein weißes Gewand war das Ei, das silbern glänzte. Nach diesem Schöpfungsbericht (bei dem übrigens Chronos nicht mit Kronos gleichzusetzen ist!) ließ Phanes Himmel und Erde entstehen; seiner Bedeutung nach fiel Phanes oft mit Mithras zusammen.

Mithras als Sonnengott wurde in der Spätantike oft mit den zwölf

Tierkreiszeichen abgebildet. An weiteren Berührungen zwischen griechischen und iranischen Vorstellungen sei die Vergöttlichung der Zeit erwähnt. Wenn nach der orphischen Lehre die Zeit (Chronos) als Urgott erscheint, so gilt dies auch für den persischen Bereich, wo sie Zervan hieß und direkt mit den Planeten und Tierkreiszeichen in Verbindung stand. Der astrologische Glaube an ein unveränderliches Schicksal verschmolz hier und auch im Orpheus-Kult mit religiösen Anschauungen. In der gnostischen Religion der Manichäer finden wir interessanterweise einen ähnlichen Zeitgott mit Namen Aion, der auch im Mithras-Kult wieder erscheint. Man sieht hier, wie stark sich in der Antike die Kulturen überlagen konnten. Das Wort «Aion» kann im Griechischen sowohl Zeit, Zeitalter (Äon) als auch Ewigkeit heißen.

Aion, Zervan und Chronos bedeuten letztlich alle dasselbe; dazu Marie-Louise von Franz: «Aion bedeutet zuerst den Lebenssaft in allen Wesen, und damit ihre Lebenszeit und ihr Schicksal. Er überdauert den Tod in Gestalt einer Schlange.»[8] Die Zeitlichkeit des Menschen kommt dabei durch den Tierkreis zum Ausdruck, der auf dem Rücken des Aion abgebildet war.

In Ägypten war der Sonnengott Re der Herr der Zeit. Doch neben Re gab es noch einen speziellen Zeitgott mit Namen Heh (Hah), der die Endlosigkeit und Ewigkeit verkörperte. Wie bei den Griechen und Persern war auch bei den Ägyptern die Zeit mit einer Schlange dargestellt. Jeder Mensch wurde von seiner (später astrologischen) Lebenszeitschlange begleitet, die sein Überleben nach dem Tod gewährleistet. Wie Marie-Louise von Franz gezeigt hat, finden sich auch in Indien ähnliche archetypische Symbolisierungen der Zeit.[9]

Ausführlich hat sich C. G. Jung mit den psychologischen Aspekten des Aion auseinandergesetzt. Zu Aions Darstellung als löwenköpfige Menschengestalt, die, in steifer Haltung stehend, von einer Schlange umwunden wird, schreibt er:

«Außerdem trägt die Gestalt [...] auch die Zodia [Tierkreiszeichen] am Körper. Beigaben sind Hahn und Werkzeuge. Im karolingischen ‹Psalterium von Utrecht›, das antike Vorlagen hatte, ist Saeculum-Aion als ein nackter Mann mit einer Schlange in der Hand dargestellt. Wie schon der Name andeutet, ist er ein Zeitsymbol, das aus lauter Libidobildern zusammengesetzt ist. Der Löwe, das Zodion [Tierkreiszeichen] der höchsten Sommerhitze, ist das Symbol der ‹concupiscentia effrenata›, des mächtigen Begehrens. (‹Meine Seele mit eines hungrigen Löwen Stimme›, heißt es bei Mechthild von Magdeburg). Die Schlange ist im Mithrasmysterium öfters als antagonistisch zum Löwen dargestellt, entsprechend jenem allgemeinen Mythus vom Kampf der Sonne mit dem Drachen. [...] Die Umschlingung ist, wie wir sahen, die ‹Verschlingung›, das Eingehen in den Mutterleib. So ist die Zeit definiert durch das Unter- und Aufgehen der Sonne, das heißt durch das Absterben und die Wiedererneuerung der Libido, das Aufdämmern und Auslöschen des Bewußtseins.»[10]

Zu ergänzen ist hier, daß die Zeit nicht nur durch den kleinen Zyklus des täglichen Sonnenauf- und -unterganges definiert ist, sondern auch durch die jährliche Wanderung der Sonne durch die zwölf Tierkreiszeichen. Auch bei Platon (427–347) ist die Rede von Aion – im Sinne von Ewigkeit:

«Nun war aber die Natur des Lebendigen ewig, und diese auf das Entstandene zu übertragen, war unmöglich; Er [Gott] beschloß daher, ein bewegtes Bild der Ewigkeit zu machen, und bildete, indem er damit zugleich dem Weltgebäude seine innere Ordnung gab, von der in der Ewigkeit beharrenden Einheit ein nach der Zahl sich bewegendes ewiges Abbild, eben das, was wir Zeit (Aion) genannt haben.»[11]

Für Platon ist Aion als ewige Zeit die Fixsternsphäre, die keine Veränderungen kennt und sich in einem ewigen Kreis dreht.[12]

Die religiösen und wissenschaftlichen Gedanken der Pythagoräer haben Platon stark beeinflußt. Er vertrat mit tiefer Überzeugung die These der Beseeltheit der Gestirne; im *Timaios* lesen wir, daß es so viele Menschenseelen wie Sterne am Himmel gebe. Alles Sein ist für ihn verwoben mit den Planetenbahnen und anderen Himmelsmechanismen. Auch die sich seit dem 4. Jahrhundert v. Chr. in Griechenland ausbreitenden astralreligiösen Vorstellungen aus Persien spielen bei Platon eine gewisse Rolle. Als Beleg dafür nennt Hans Georg Gundel den packenden eschatologischen Mythos in Platons Werk *Staat*; in ihm «läßt Platon den Pamphylier Er, den Sohn des Armenios, darlegen, daß die innere Notwendigkeit alles kosmischen Geschehens und jedes

Menschenschicksals in engstem Zusammenhang mit der Bewegung des Fixsternhimmels und den Planetenbahnen steht»[13].

Auf den Tierkreis weist bei Platon die Schilderung des elfteiligen Götterheeres (in *Phaidros*), das von Zeus angeführt wird; ihm folgt ein Dämonen- und Götterheer, und zwölf Götter haben abwechselnd die Herrschaft im Himmel – jeder nach der ihm zugefallenen Ordnung und Handlungsfreiheit. Der Historiker Hans Georg Gundel sieht darin eine «poetische Ausmalung der astrologischen Lehre von der Chronokratie [Zeitherrschaft] der damals bekannten 11 Tierkreisbilder [...], über welche die zwölf (unsichtbaren) Monatsgötter gesetzt sind.»[14] Weiter schreibt er:

«Wenn man schließlich den Dualismus der Ideenlehre Platons berücksichtigt, nach der jedes irdische Phänomen ein Urbild im Reich der Ideen hat, dann wird deutlich, daß Platon in seinem Werk und in seinen poetischen Mythen den Griechen seiner Zeit den Sinn für astralreligiöse Vorstellungen in einer eindrucksvollen und von da an nichtmehr ausschaltbaren Weise geweckt hat.»[15]

Nach Gundel und vielen anderen Historikern hat sich Platon mit großer Wahrscheinlichkeit mit astrologischen Systemen auseinandergesetzt. Zudem wissen wir aus antiken Zeugnissen, daß Platon einen Astrologen («Chaldäer») als Hörer an seiner Schule hatte und gegen Ende seines Lebens einen Chaldäer längere Zeit als Gastfreund beherbergte.[16]

2. *Der Aufstieg der Astrologie im Hellenismus*

Aristoteles (384–322) war der bedeutendste Schüler – und spätere Gegner – Platons. Obwohl er mystische Spekulationen ablehnte, bereitete er mit seiner Welterklärung der Astrologie des Hellenismus unfreiwillig den Boden. Aristoteles trennte die Welt unterhalb des Mondes von der Region der Gestirne. Für ihn war alle Bewegung vor dem Werden da und stellt ihre Ursache dar. Am Himmel nun erkannte er zwei Bewegungen: jene (unendlich langsame) der Fixsterne, die das Prinzip der Permanenz verkörpert, und jene Bewegung der Planeten gegen den «schiefen Kreis» (Tierkreis), die den irdischen Wechsel des Lebens bestimmt. Aristoteles sah die Bewegung der Erde abhängig von jenen beiden Rhythmen, von denen das Leben und die Lebensdauer abhängen. Wie bedeutsam diese aristotelische Sicht für die Astrologie wurde, beschreibt Hans Georg Gundel:

«Man hat mit Recht diese Ausführungen des Aristoteles als den *locus classicus* der antiken und mittelalterlichen Astrologie bezeichnet. Denn die Lehre, daß von der Bewegung des Zodiakos[17] und der (scheinbar) in ihm erfolgenden entgegengesetzten Revolution der Planeten alles irdische Leben, Werden und Vergehen abhängt, hat die entsprechenden Kardinallehren der ausgebildeten hellenistischen Astrologie ganz wesentlich gestützt.»[18]

Selbst die Einteilung der Tierkreiszeichen nach den vier Elementen geht in letzter Konsequenz auf Aristoteles zurück; er ordnete je zwei Aggregatzustände einem Element zu:

Qualität:	*Element*:
warm-trocken	Feuer
kalt-trocken	Erde
warm-feucht	Luft
kalt-feucht	Wasser

In späterer Zeit wurden die Tierkreiszeichen nach den Elementen wie folgt eingeteilt:

Element:	*Temperament:*	*Tierkreiszeichen :*
Feuer	cholerisches Temp.	Widder, Löwe, Schütze
Erde	melancholisches Temp.	Stier, Jungfrau, Steinbock
Luft	sanguinisches Temp.	Zwillinge, Waage, Wassermann[19]
Wasser	phlegmatisches Temp.	Krebs, Skorpion, Fische

Den Griechen verdanken wir auch die Gliederung des Tierkreises in «kardinale» (aktivierend), «fixe» (statisch) und «veränderliche» (anpassend) Zeichen:

Bewegungsform kardinal:	Widder, Krebs, Waage, Steinbock
Bewegungsform fix:	Stier, Löwe, Skorpion, Wassermann
Bewegungsform veränderlich:	Zwillinge, Jungfrau, Schütze, Fisch

In der Horoskopdeutung spielten und spielen die kardinalen Tierkreiszeichen eine besondere Rolle, weil mit ihnen jeweils eine neue Jahreszeit beginnt: Die beiden Tagundnachtgleichen und Sonnenwenden finden in den kardinalen Zeichen statt.

Obwohl Aristoteles der Astrologie kritisch gegenüberstand, war natürlich auch er ein Kind seiner Zeit. Für ihn war es selbstverständlich, daß Planeten und Fixsterne das Wettergeschehen bestimmen. Damit war der Nährboden für die Texte der Laienastrologie (Kometen-, Finsternis-, Donner- und Erdbebenbücher u.a.) gelegt. Kulturgeschichtlich ist in diesem Zusammenhang die Verwendung des Titels «Meteorologe» für Astrologen und Astronomen erwähnenswert; die «meteorologia» ist die Lehre von den Erscheinungen am Himmel. Wetterkunde und astronomisch-astrologische Forschungen gingen damals eine Symbiose ein.[20]

Wie sich Astronomie, Astrologie und Wetterkunde miteinander vermischten, zeigt auf anschauliche Weise ein Text des berühmten Mathematikers und Astronomen Eudoxos (404–355):

«Wenn der Mond sich am 14. Juni im Widder befindet, wird Nebel herrschen, außerdem Gewitter, Hagelwetter und starke Winde, welche die Bäume entwurzeln. Auch Sturm und Unwetter und Trockenheit werden infolge einer pestilenzialischen Hitze herrschen. Steht der Mond im Widder am 20. Juli, dann wird Ostwind in diesem Jahr vorherrschen, und die übrigen Winde werden sich mit ihm vereinen. Der Winter ist stürmisch, kalt, schnee- und regenreich. [...] Nach der Frühlings-Tagundnachtgleiche ändert sich das Wetter zu warmen Regenfällen, es wird viel Grünfutter geben. [...] Der Wein wird spärlich sein, aber dauerhaft, die Vierfüßler werden sich vermehren. Man muß aber das Getreide im Sonnenschein putzen, im Mondschein ist es unvorteilhaft.»[21]

Eudoxos verdanken wir die Bestätigung der Kugelform der Erde sowie die das antike Weltbild bestimmende Theorie der homozentrischen Sphären,[22] die sich ineinander drehen. Bahnbrechend war auch die wahrscheinlich auf ihn zurückgehende Aufteilung des Tierkreises in zwölf gleiche Teile zu je 30 Grad.[23] Da zur gleichen Zeit in Babylon, das im 4. Jahrhundert v. Chr. den Griechen in der astrologischen Technik weit überlegen war, ebenfalls der gleichmäßig geteilte Tierkreis eingeführt wurde, sind hier kulturelle Austauschprozesse nicht auszuschließen; Eudoxos z. B. war längere Zeit in Ägypten, wo er von Priestern unterrichtet wurde, und kann dort durchaus mit der babylonischen Astrologie in Kontakt gekommen sein. Eudoxos war es auch, der die Sternbilder genauer voneinander abgegrenzt hat.

Bei all diesen Vorarbeiten für die Astrologie und trotz der Tatsache, daß Eudoxos mit zu den ersten Griechen gehörte, die Schriften zur astrologischen Wetterkunde verfaßten, darf man jedoch seine kritischen Töne nicht überhören: Er verlangte, daß «den Chaldäern, welche das Leben eines jeden Menschen nach dem Tag seiner Geburt voraussagen und bestimmen, kein Glaube geschenkt werden soll.»[24] Eudoxos zog es vor, sich mehr mit den universalen Aspekten der Astrologie zu beschäftigen.

Für die praktische astrologische Deutung ist Eudoxos' Einführung des gleichmäßig zwölfgeteilten Tierkreises nicht zu überschätzen. Allerdings entsprechen in der frühen griechischen Astrologie den zwölf Bahnabschnitten nur elf Tierkreiszeichen, da der Skorpion 2 x 30 Grad umfaßte. Erst ab dem Handbuch von Nechepso-Petosiris (vgl. Kap. V. Ägypten) wird die Waage eingeführt.

Die Reihe der Tierkreisbilder wurde in jener Frühzeit nicht vom Widder – wie heute üblich – sondern vom Krebs und manchmal auch von Löwe oder Steinbock angeführt.[25] Aus religiösen Motiven bekam dann seit der Mitte des 2. Jahrhunderts v. Chr. der Widder den Vorrang, weil er der Kopf des im Tierkreis gelagerten Gottes Kosmos ist und im Horoskop der Welt die Himmelsmitte beherrscht. Aus tiefenpsychologischer Sicht ließe sich hierzu bemerken, daß sich in der Antike nur jene Anordnung der Tierkreisbilder hat durchsetzen können, die archetypisch stimmig ist (vgl. C. G. Jungs Ausführungen in Kap. I. 5. und Kapitel II. 4., in dem wir auf die jahreszeitlichen Bezüge der Tierkreisabschnitte hingewiesen hatten).

Die meisten griechischen Namen der Tierkreisbilder gehen letztlich auf babylonische Vorlagen zurück. Auch die Kenntnis des Äquators, die Einteilung vieler Sternbilder, die Zahl und die Namen der Planeten und schließlich die Zerlegung des Tages in zwölf Stunden weisen auf mesopotamische Ursprünge zurück.

Die Unterscheidung von Planeten und Fixsternen hat in Griechenland erst ungewöhnlich spät stattgefunden, ca. zwischen dem 6. und 5. Jahrhundert v. Chr. Morgenstern (Heosphoros) und Abendstern (Hesperos) hielten die Griechen ebenfalls bis zu dieser Zeit für zwei verschiedene Gestirne!

Platon gehörte zu den ersten Griechen, die sich mit der Namensgebung der Planeten befaßten. In seinem posthum erschienenen Werk *Epinomis* lesen wir, daß man «Heosphoros-Hesperos» schließlich «Stern der Aphrodite» taufte und dem «Sonnenbegleiter» (Merkur) den Namen «Stern des Hermes» gab. So wie die Tierkreiszeichen und Sternbilder allmählich mit griechischen Mythen verknüpft wurden, so auch die Planeten. Allerdings konnten sich die mythologischen Zuordnungen auch verändern; der «Stern des Hermes» hieß z. B. zeitweise «Apollo». Wegen dieser vorübergehenden Sprachverwirrung bevorzugten viele Astronomen und Astrologen bildhafte Namen:

Merkur (Hermes)	Stilbon («Funkelnder»)
Venus (Aphrodite)	Phosphoros («Lichtträger»)
Mars (Ares)	Pyrhoeis («Roter»)
Jupiter (Zeus)	Phaethon («Strahlender»)
Saturn (Kronos)	Phainon («Leuchtender»)

Je stärker sich allerdings die astrale Mystik ausbreitete, desto mehr griff man wieder auf die Bezeichnungen «Ares», «Zeus» usw. (jeweils mit dem Zusatz «Stern des») zurück. Unter römischem Einfluß setzten sich dann am Ende die noch bis heute geltenden Namen Merkur, Venus, Mars, Jupiter und Saturn durch. Sonne und Mond wurden übrigens mit den Mythen von Helios (Sol) und Selene (Luna) in Beziehung gesetzt. Auf die psychologische Bedeutung dieser astralen Mythen bin ich in meinem Werk *Bildersprache Astrologie* eingegangen.[26]

Ein künstlerisches Denkmal für den Stand der hellenistischen Sternenkunde ist das Gedicht *Phainomena* (Himmelserscheinungen) des Aratos (310–245); in ihm werden in Anlehnung an Eudoxos die Auf- und Untergänge der Sternbilder dargestellt. Belebt wird die Schilderung durch die vielen Sternmythen, die von der Astrologie zur Deutung herangezogen wurden. Aratos' Gedicht wurde Pflichtlektüre für Generationen von Griechen; außerdem entstanden im Laufe der Zeit unzählige griechische und römische Versionen. Um einen kleinen Eindruck dieses schönen Epos zu geben, folgen hier (in der Übersetzung von Albert Schott) die letzten Verse des ersten Teils:

Man nennt den schrägen Kreis Tierkreis nach altem Brauch.
Auf ihm erscheinen Krebs und Löwe, tiefer auch
Die Jungfrau; der Skorpion folgt; seinen Scheren dann
Schütze, und Steinbock nun; es folgt der Wassermann
Dem Steinbock; sterngeschmückt die Fische dann sich zeigen;
Widder, Stier, Zwillinge beschließen diesen Reigen.
Indem der Sonnengott die Zwölfe ganz durchquert,
Bringt er ans Ziel das Jahr; wie er den Kreis umfährt,
Blühn früchtetragend ihm die Horen all entgegen.
Wieviel im Ozean verschwand von seinen Wegen,

Soviel wird oberhalb der Erde auch erblickt,
Weil Nacht für Nacht der Kreis sechs Zwölftel niederschickt,
Sechs Zwölftel auch herauf. So wird die Zeit geschätzt,
Die nachts verblieb: du merkst sechs Tierkreisbilder jetzt
Am Abend; später zähl dann, welche du noch siehst.[27]

Eine starke Förderung der Astrologie setzte mit dem um 330 v. Chr. geborenen Astrologen Berossos ein. Berossos war ein babylonischer Priester im Tempel des Marduk und schrieb ein Buch mit dem Titel *Babylonische Geschichten*, das uns leider nicht erhalten blieb. Der Autor schrieb sein Werk auf griechisch, weil er sich so eines großen Publikums und eines gewissen Einflusses sicher sein konnte.

Auf der Insel Kos hat Berossos wahrscheinlich eine Schule für Astrologie gegründet und dort den Griechen die Feinheiten der Horoskopdeutung vermittelt. Insbesondere die Lehre der Aspekte (Winkel der Planeten zueinander) scheint dabei eine wichtige Rolle gespielt zu haben. Später teilten die Griechen das Horoskop außerdem noch in zwölf «Häuser» bzw. «Felder» ein, die über bestimmte Lebensthemen wie Beruf, Partnerschaft, Familie u. a. Auskunft geben konnten.[28]

Letztlich verdanken die Häuser ihre Entstehung dem in vielen Kulturen verbreiteten System der Doppelstunden (Dodekaoros). Die zwölf Häuser markieren somit *nicht* den Lauf der Sonne durch die zwölf Tierkreiszeichen, sondern den Tageslauf der Sonne (bzw. Tagesrotation der Erde um die eigene Achse). Z. B. bezeichnet der Aszendent als Aufgangspunkt der Gestirne im Osten den Anfang des 1. Hauses, das für das Ich und dessen körperliche Konstitution steht; hingegen symbolisiert der Deszendent als Untergangspunkt im Westen das 7. Haus mit den Bedeutungen Ehe und Mitmenschen.

Daß der Tageslauf der Sonne durch die zwölf Häuser nur ein scheinbarer ist, erkannte im Jahre 230 v. Chr. der Astronom Aristarch von Samos (320–250): Er behauptete, daß sich die Erde innerhalb von 24 Stunden einmal um sich selbst dreht; außerdem vertrat Aristarch von Samos – lange vor Kopernikus! – die Theorie der um die Sonne kreisenden Planeten (heliozentrisches Weltbild). Dieser Abschied vom geozentrischen Weltbild wurde jedoch nur von seinem Kollegen Seleukos nachvollzogen und geriet dann bald wieder in Vergessenheit. Die einzig erhaltene Schrift des Aristarch trägt den Titel *Über die Größenverhältnisse und Entfernungen von Sonne und Mond.* Für den Mond finden wir hier schon annähernd richtige Werte.

Hipparch (190–120) schließlich wird die Entdeckung der Präzession zugeschrieben (vgl. Kap. I.5.). Wie die meisten Astronomen – bis hin zu Kepler – beschäftigte sich Hipparch mit astrologischen Studien; besonders auf dem Gebiet der geographischen Astrologie und der Melothesie (Zuordnung der menschlichen Körperteile zu den Tierkreiszeichen) gilt er als Reformer.[29] Erwähnenswert ist auch der von ihm erarbeitete erste wissenschaftliche Sternenkatalog, der später dem «König der Astrologen», Ptolemaeus, als Grundlage diente.

Was die für die Erstellung eines Horoskops wichtigen Planetenstellungen in den Zeichen anbelangt, so existierten schon damals Planetenjahrbücher (Ephemeriden). Ein Papyrus aus dem Jahre 17. v. Chr. zeigt z. B. detailliert die Stellungen für Merkur und Venus. Wie Henri Stierlin jüngst gezeigt hat, gab es zu jener Zeit auch schon einen «astrologischen Computer».

In dem im Jahre 1900 gefundenen griechischen Schiffswrack von Antikythera entdeckte man ein solch seltsames Gerät; doch erst in den siebziger Jahren verdeutlichte der Archäologe Sollar Price dessen astronomisch-astrologische Funktion. Zu jenem metallenen «Antikythera-Mechanismus» schrieb er:

«Der Mechanismus wurde scheint's so benutzt, daß man ihn per Hand auf ein Datum in der Vergangenheit oder Zukunft einstellte, um mittels des Räderwerks Informationen über verschiedene Phänomene der Astronomie ... zu erhalten.»[30]

Die Erkenntnis, daß dieser Vorläufer eines Astrariums schon in einer so frühen Zeit entwickelt wurde, darf man mit Recht als Sensation bezeichnen. Die Entwicklung der etwas einfacher konstruierten Astrolabien wird übrigens zumeist Hipparch zugesprochen.

Bei dem unaufhaltsamen Siegeszug der Astrologie gilt es noch unbedingt, die Philosophie der Stoiker zu erwähnen. Die Stoa förderte die Astrologie seit ungefähr 300 v. Chr. Für Denker wie Zenon, Kleanthes und Chrysippos vollzieht sich alles Schicksalhafte im Leben nach unbeeinflußbaren Regeln. Auch kein Gott kann daran etwas ändern... Die Essenz dieses Gesetzes fanden die Stoiker in dem alten Wort «Heimarmene» ausgedrückt. Nach Diodor von Tarsus erklärten sie es als «Reihe der Ursache».

Chrysippos definierte die Heimarmene als die immerwährende, gesetzmäßige Bewegung oder als die «natürliche Anordnung alles Geschehens, nach der von der Ewigkeit her eins dem andern folgt und nach einer unverbrüchlichen Ordnung abrollt.»

Schon bei Homer lassen sich solche Vorstellungen nachweisen; sie wirkten natürlich nur allzu verführerisch auf die Astrologen. Die Zeit der Stoa und der Heimarmene hat Franz Cumont einmal trefflich charakterisiert:

«Man betet nun die Sternbilder am Firmament und von diesen besonders die zwölf Zeichen des Zodiakus an, die alle ihre mythologische Legende haben, ferner den Himmel selbst, der als erste Ursache betrachtet wird und bisweilen mit dem höchsten Wesen verschmilzt, dann die vier Elemente, deren Gegensatz und deren Verwandlung in ununterbrochener Folge alle sinnlichen Erscheinungen hervorbringt, und die oft bildlich als eine Gruppe von Tieren dargestellt werden, die bereit sind, sich gegenseitig zu zerfleischen, endlich die Zeit und ihre einzelnen Abschnitte.»[31]

Die Verschmelzung des höchsten Gottes mit dem Himmel als Ganzem hatten wir als Archetypus schon im ersten Kapitel behandelt. Die hier hervorgehobene Rolle der Zeit erinnert uns an den schon erwähnten Gott Aion bzw. Chronos und seine Verbindung zum Tierkreis.

Die Philosophie der Stoa war nicht nur für Griechenland, sondern auch für Rom bestimmend. Auf fast schon symbolische Weise kommt dies in einem der wichtigsten Stoa-Vertreter, Poseidonios von Apameia (135–51), zum Ausdruck: er wirkte lange Zeit als griechischer Gesandter in Rom. Poseidonios sah in der Astrologie weniger ein System der Weissagung als vielmehr eine besondere Form der Naturphilosophie, die es weiterzuentwickeln galt. Die Funktion der späten Stoa hat Auguste Bouché-Leclercq, einer der Altväter der historischen Astrologieforschung, folgendermaßen charakterisiert: «Die Astrologie wäre verschwunden, wenn sie in den Stoikern nicht so unermüdliche Mitstreiter gefunden hätte.» Diese Ansicht ist zwar etwas übertrieben, doch sie zeigt die enge Verzahnung von Astrologie und Stoa.

Bei so viel philosophischem Enthusiasmus für die Astrologie darf man allerdings nicht übersehen, daß es auch damals schon eine Schar – wenn auch eine kleine – von Astrologiekritikern gab. Einer der schärfsten Gegner war Karneades (214–129). Er war der Ansicht, daß astrologische Voraussagen genauso gegenstandslos seien wie Träume.

Ein anderer Skeptiker war Panaitios (180–110). Seine Argumente sind uns durch den Römer Cicero überliefert und werden zum Teil auch heute noch von den Gegnern der Astrologie ins Feld geführt. Da es uns an dieser Stelle in erster Linie um die Darstellung der historischen Fakten geht und nicht um eine Diskussion des Pro und Contra, begnügen wir uns mit der Aufzählung der damals angeführten Einwände (eine sachliche Diskussion solcher und anderer Kritikpunkte ist von Harald Wiesendanger erschienen[32]):

1. Nach Panaitios sind Sonne, Mond und Sterne so weit von der Erde als auch untereinander entfernt, daß eine Beeinflussung des Erdbewohners ausgeschlossen ist.
2. Für die verschiedenen geographischen Breiten sind die Regelwerke zu ungenau. Damit sind die Schicksalsprognosen, die man mit den Aufgangszeiten von Planeten und Sternen verbindet, hinfällig.
3. Ausschlaggebend für den Charakter sind die ererbten Eigenschaften der Eltern.
4. Wenn zwei Menschen im selben Augenblick geboren werden und somit «dasselbe Sternenschicksal einatmen», haben sie dennoch verschiedene Lebensläufe.
5. Angeborene körperliche Defekte können von der Natur oder vom Arzt gebessert oder behoben werden. Dies wäre ausgeschlossen, wenn die körperliche Beschaffenheit durch ein strenges Sternenfatum bestimmt wäre.
6. Die Rasseeigenschaften bestimmen körperliche und geistige Anlagen mehr als die astrologischen.
7. Die Darstellung babylonischer Astrologen, ihre Kunst habe eine 470 000 Jahre alte Tradition, ist eine Täuschung.[33]

Wie unsere Untersuchung der mesopotamischen Astrologie gezeigt hat, läßt sich zumindest dem letzten Argument nicht widersprechen...

Daß diese und ähnliche Angriffe gegen die Astrologie erfolglos blieben, lag vor allem an der schon zu starken Verwurzelung des astralen Denkens sowohl im Volk als auch in der Philosophie. Vor allem jedoch konnten solche Einwände nicht die *archetypische* Grundlage der Astrologie erschüttern, die in der Verbindung mit religiösen und mythologischen Vorstellungen zum Ausdruck kam. Bei aller Scharlatanerie – in der Antike wie in der Gegenwart – können uns die astralen Mythen auch heute noch bei der Selbstfindung helfen; die prognostische Astrologie mit ihrer fatalistischen Sichtweise, die wir in historischer Sicht mit dem Stoizismus in Verbindung bringen können, hat dem heutigen Menschen ohnehin nichts mehr zu sagen.

VIII.

ROM

1. *Astrologie und Herrschaft*

Seit der Zeit der Etrusker (1000–500 v. Chr.) hatten die Römer einen mehr oder minder intensiven Austausch mit der griechischen Kultur. Nach der römischen Expansion im östlichen Mittelmeerraum verstärkte sich dieser Prozeß. Als im Jahr 194 v. Chr. die römischen Legionen Hellas vorübergehend räumten, brachten sie nicht nur Kunstschätze mit nach Hause, sondern auch Literatur über Geographie, Mathematik und Astrologie.

Sowohl das Volk, dessen Bedürfnisse durch umherziehende «Chaldäer» befriedigt wurden, als auch die höheren Schichten beschäftigten sich mit dem neuen astrologischen Wissen und waren davon fasziniert. An mantischen Systemen war vordem nur das Deuten aus dem Vogelflug und aus Eingeweiden bekannt.

Nach und nach durchdrang die Astrologie alle Lebensbereiche. Äußerer Ausdruck der weltanschaulichen Bedeutung der Astrologie war eine Reihe von öffentlichen Bauten, die auf die Planeten und/oder die Tierkreiszeichen Bezug nahmen.[1] Im späten Rom wurde die Sonne gar zum Staatsgott (sol invictus). Auch in anderer Hinsicht drückte die Astrologie dem öffentlichen Leben ihren Stempel auf, z. B. bei den Wagenrennen. Eine Beschreibung aus der *Anthologia Latina* skizziert anschaulich die Funktion des Zirkus als kosmischer Spiegel:

«Der Zirkus ist das Bild des Himmels. Durch die Gelehrsamkeit der Alten birgt er in sich die Gestalt und die Zahlen der Grenzen des Äthers. Denn die zwölf Tore der Logen stellen die (zwölf) Monate dar sowie die zwölf Konstellationen, die der Stern mit den goldenen Strahlen durchläuft. Die vier Streitrosse stehen für die vier Jahreszeiten, die vier Farben der Parteien für die Elemente [...] Die beiden Zwillingsachsen [der mit Grenzsteinen markierten Bahn] stellen den Sonnenauf- und -untergang dar. [...] Außerdem muß man, um das Rennen zu beenden und den Sieg davonzutragen, sieben Runden fahren, genauso viele, wie es konzentrische Kreise gibt, die den Himmel gleichermaßen gürten. Der Luna ist immer das Zwiegespann gewidmet, der Sonne das Viergespann.»[2]

In der Tat war die Bildersprache der Astrologie überall zu finden. Bei einem luxuriösen Bankett zur Zeit von Kaiser Nero wurde z.B. ein «Tierkreis-Menue» gereicht. Jeder Gast erhielt einen tiefen Teller mit den zwölf Tierkreisbildern am Rande. Über die Zeichen hatte der Koch Leckereien gelegt, die er für passend hielt: z.B. über den Löwen eine afrikanische Feige, über die Jungfrau das Euter einer jungen Sau, über die Waage eine Waage mit einer Obsttorte in der einen und einem Kuchen in der anderen Schale und über die Fische zwei Fische. Zu all dem hielt der Gastgeber, ein reicher Römer, eine zweifelhafte Rede über das Wirken der Astrologie.[3] Wer z.B. vom Widder beeinflußt sei, der hätte eine große Menge Wolle, viele Herden und einen Dickkopf...

Einen kaum zu überschätzenden Einfluß erhielt die Astrologie schließlich durch die Schicksalsgläubigkeit der römischen Herrscher. Weil die Kaiser um die politische Bedeutung der Astrologie wußten, verboten sie gelegentlich ihre Ausübung, um sie als Herrschaftswissen exklusiv für sich zu sichern. Da man allgemein glaubte, daß das Horoskop eindeutige Hinweise auf die Prädestination eines Römers für den Kaiserthron gab, kann man sich die lebensbedrohlichen Umstände des Astrologenberufs ausmalen.

Ob auch schon Julius Cäsar (100–44 v.Chr.) die Kaiserwürde von Astrologen prophezeit wurde, wissen wir nicht. Inwieweit sich dieser legendäre Herrscher mit der Astrologie aktiv auseinandersetzte, ist umstritten. So lesen wir z.B. bei Stierlin: «Cäsar, so sagt man, konnte selbst lesen, was in den Sternen steht. Er interessierte sich leidenschaftlich für die Astrologumena [astrologische Schriften] und glaubte fest daran, daß sich ihm im Horoskop die Zukunft enthüllte.»[4] Demgegenüber finden wir bei einem (der Astrologie sonst wohlgesonnen) Autorengespann:

«Zu den Mythen, die von astrologischen Historikern verewigt worden sind, gehört auch die Darstellung Julius Cäsars als eines Verfechters der Astrologie, oder gar seiner selbst als Astrologen. Er scheint, im Gegenteil dazu, fast durchweg skeptisch gewesen zu sein.»[5]

Historisch überliefert ist die Geschichte, daß ein Astrologe mit Namen Spurinna Cäsar vor den Iden des März warnte. Wie berechtigt diese Warnung war, ist allseits bekannt... Der Geschichtsschreiber Cassius Dio schildert diese Prognose als Beispiel für das sternenbedingte Schicksal. Zu erwähnen ist hier allerdings auch eine andere Prognose von Spurinna, die nicht zutraf: Er riet Cäsar im Jahre 46 v. Chr. davon ab, sich vor der Wintersonnenwende nach Afrika einzuschiffen. Cäsar ignorierte diesen Hinweis, ohne daß ihm etwas zugestoßen wäre.

Mit Kaiser Augustus (63 v. Chr.–14 n. Chr.) wurde die Astrologie zur Staatsangelegenheit. Selbst Münzen mit dem Steinbock, des Kaisers Geburtszeichen, wurden in Umlauf gebracht (im Gegensatz zu heute war mit dem Geburtszeichen nicht das Sonnenzeichen, sondern der Aszendent oder das Mondzeichen gemeint![6]). Wie es dazu kam, erzählt folgende Geschichte: Als unbekannter junger Student in Apollonia besuchte Augustus den ortsansässigen Astrologen Theogenes. Als dieser das Horoskop entworfen hatte, warf er sich unversehens Augustus vor die Füße. Von diesem Moment an, so schreibt Sueton, hatte der zukünftige Kaiser ein solches Vertrauen in sein Schicksal, daß er sein Horoskop später sogar veröffentlichte.

Da Augustus die Wichtigkeit der Astrologie erkannte, ließ er alle Astrologen aus der Stadt weisen. Auf diese Weise konnten mögliche Neider und Rivalen sich nicht auf «kaiserliche Nativitäten» (Horoskope) berufen. Augustus selber bediente sich fleißig der Astrologie – und dies nicht nur in Familienangelegenheiten. Wie verzwickt die Kulturgeschichte sein kann, wenn man die Astrologie nicht berücksichtigt, zeigen folgende Tatsachen: Augustus hatte die Angewohnheit, in vielen Schriftstücken nicht nur das Datum, sondern auch die genaue Tageszeit anzugeben. Historiker haben bisweilen versucht, darin eine penible Natur des Kaisers zu erkennen; zu einem «Steinbock» würde das wohl nicht schlecht passen... Tatsache ist jedoch, daß Augustus durch die Erwähnung der Tageszeit sich immer die Chance offenhielt, die jeweilige Zeitqualität des Vorgangs astrologisch prüfen zu lassen.

Auch Tiberius (42 v. Chr.–37 n. Chr.) wurde schon zu Jugendzeiten von einem Astrologen (Scribonianus) die Kaiserwürde prophezeit. Auf der Insel Rhodos lernte Tiberius den berühmten Astrologen Thrasyllus kennen, der ihm bei seiner neunjährigen Herrschaft mit Rat und Tat zur Seite stehen sollte. Thrasyllus' vornehmste Aufgabe bestand darin, Menschen mit «kaiserlichen Nativitäten» ausfindig zu machen, damit Tiberius sie umbringen lassen konnte. Auch den jeweiligen Astrologen erging es nicht besser: Tiberius gab Befehl, sie von seinem auf einem Felsen stehenden Palast in die Tiefe zu werfen.

Der Einfluß von Thrasyllus war so groß, daß er versuchte, sich mittels seiner astrologischen Ratschläge in die Politik einzumischen. Dabei mußte er allerdings vorsichtig zu Werke gehen, da Tiberius selber Horoskope deuten konnte. Thrasyllus starb schließlich noch vor seinem Kaiser; den eigenen Tod soll er auf die Stunde genau vorhergesagt haben.[7]

Tiberius' Nachfolger Caligula (12–41) ließ das noch von Augustus im Jahre 11 n. Chr. erlassene Gesetz bestehen, wonach es Astrologen untersagt war, Kaiserhoroskope zu analysieren. Ein Astrologe ägyptischer Herkunft scherte sich jedoch nicht darum und sagte Caligulas Tod für den 24. 1. 41 n. Chr. voraus. Wenn wir Cassius Dio vertrauen dürfen, wurde der Astrologe dazu verurteilt, genau an jenem prognostizierten Datum zu sterben. Um dem Ägypter seine Unfähigkeit als Sternenkundiger zu beweisen, wurde die Exekution dann jedoch auf den 25. Januar verschoben. Aus der geplanten «Lektion» wurde allerdings nichts, weil Caligula tatsächlich am 24. Januar ermordet wurde.

Balbillus, ein Sohn des Thrasyllus, wurde der persönliche Freund und Hofastrologe von Kaiser Claudius (?–54 n. Chr.).

Bei der Geburt von Nero am 15. 12. 37 n. Chr. soll, gemäß Sueton, sein Vater Domitius Ahenobarbus ausgerufen haben, daß von ihm und seiner Mutter Agrippina unmöglich etwas anderes als ein die Welt verderbendes Scheusal hätte geboren werden können. Nach Tacitus soll ein Astrologe der Mutter prophezeit haben, daß sie durch ihren Sohn ermordet werden würde; ihre Antwort darauf: «Occidat, dum imperet» – Möge er töten, wenn er nur herrscht.[8] Über die in der Tat blutigen Folgen von Neros Astrologiegläubigkeit haben wir schon an anderer Stelle berichtet (Kap. I.4.).

Der erwähnte Astrologe Balbillus war nicht nur der Hofastrologe von Claudius und Nero, sondern er arbeitete auch für den Kaiser Vespasian, der einer der vier Übergangskaiser (mit Galba, Vitellius und Otho) des Jahres 68/69 war. Von Astrologenvertreibungen, wie sie zu jener Zeit immer wieder stattfanden, waren Männer von der Reputation eines Balbillus oder Thrasyllus natürlich ausgenommen; ihre Dienste wurden dringend benötigt.

Kaiser Vitellius war einer der wenigen, die nicht an die Astrologie glaubten. Die ihm von Astrologen gemachte Prognose, daß er nur drei Monate im Amt bleiben würde, erklärte er als Unsinn. An der Richtigkeit dieser Voraussage konnte allerdings auch eine vorher noch durchgeführte Astrologenvertreibung nichts ändern.

Bei dieser Gelegenheit können wir uns fragen, warum doch eine relativ große Zahl antiker Prognosen – neben einigen eklatanten Querschlägern – richtig waren.

Wie eine Fülle von Fehlprognosen heutiger Astrologen vermuten läßt, dürfte dies weniger mit bestimmten Horoskoptechniken zu erklären sein als vielmehr mit dem Umstand, daß die früheren Astrologen oft auch «Magier» waren. Vermutlich sind deren Erfolge der Fähigkeit zu verdanken, Kontakte zum kollektiven Unbewußten herzustellen. Nicht unähnlich den von Mircea Eliade beschriebenen Schamanen dürften die Astromagier die Grenze zwischen Diesseits und «Jenseits» öfters gewechselt haben. Der Horoskopkreis diente somit – dem Astrologen natürlich nicht bewußt! – als eine Art von Mandala, um jene seelischen Sphären zu erreichen, die jenseits von Zeit und Raum sind.

Wie C. G. Jung mehrfach betont hat, existiert für das Unbewußte keine Unterscheidung von Gegenwart, Vergangenheit und Zukunft. Kinderträume z. B., so fand Jung heraus, können manchmal die späteren psychologischen Probleme des Erwachsenen vorwegnehmen. Über den Zeitaspekt schrieb Jung:

«Im Unbewußten gibt es keine Zeit, es ist ewig. Das Unbewußte kann von Dingen, die durch lange zeitliche Intervalle absolut voneinander getrennt sind, so sprechen, als seien sie Einheit; für uns sind sie getrennt, aber für das Unbewußte sind sie es nicht. Sie sind wie die Gegensatzpaare, wie schwarz und weiß, hell und dunkel, wie die Zukunft und die Vergangenheit – im Unbewußten besteht kein Unterschied.»[9]

Nach Wilhelm Gundel, einem Nestor der historischen Astrologieforschung, war es ein Merkmal der antiken Astrologen, «daß sie *im Traum* ihr eigenes oder ein anderes Sternschicksal plastisch erschauten; sie sehen den Sterngott, der ihr oder anderer Verhängnis wird, ja eine ganze Geburtskonstellation steht im Traum vor ihnen. So sieht der Kaiser *Julianus Apostata* († 363 n. Chr.) im Traum die Todeskonstellation des Kaisers Konstantin; er muß sterben, wenn Jupiter im Wassermann und Saturn im 25. Grad der Jungfrau stehen. Dazu kommen die verschiedenen Formen der magischen Zukunftsforschung, die durch verschiedene Hilfsmittel, durch ein astrologisches Würfelbrett, durch ein Planetarium, durch Schädelmantik und durch Becherprophezeiung die Sterngötter zur Enthüllung des Schicksals zwingen.»[10]

Eine solch okkulte bzw. astromagische Praxis bot die ideale Voraussetzung für den nicht ungefährlichen Abstieg ins Unbewußte.

Weit mehr als heute haftete den antiken Astrologen der Geruch des Magischen an. Man fürchtete, doch man respektierte sie auch – abgesehen natürlich von den Straßenastrologen. Kaiser Vespasian (9–79) war ein so begeisterter Anhänger der Astrologie, daß er den Vertretern dieser Zunft eigene Festspiele widmete; zu Ehren seines Hofastrologen nannte er sie «Balbilläische Spiele».

Von Kaiser Titus (39–81), einem beim Volk wegen seiner Gerechtigkeit und Mildtätigkeit beliebten Herrscher, wissen wir, daß er die astrologische Kunst beherrschte. Sein ihm als Kaiser nachfolgender Bruder Domitian (51–96) machte sich in krankhafter Weise von der Astrologie abhängig. Sueton berichtet uns, daß Domitian in der Sorge um sein Leben prinzipiell *allen* astrologischen Prognosen geglaubt habe. Ferner ließ er es sich nicht nehmen, «über Geburtstage und -stunden der vornehmsten Männer genauestens Buch zu führen, was den vorzeitigen Tod nicht weniger von ihnen zur Folge hatte, die nie im Traum daran gedacht hatten, einmal an die Macht zu kommen»[11].

Weiter erzählt Sueton, daß zwei Astrologen die Todesstunde Domitians vorausgesagt haben; einer davon war der Magier, Astrologe und Haruspex (etruskisch-römischer Priester, der aus Eingeweiden Prognosen erstellt) Larginus Proculeus. Einen Tag vor dem bezeichneten Datum (18. 9. 96 n. Chr.) wurde der Kaiser immer nervöser; er befahl den Dienern, ihm einige Trüffel für den Fall aufzuheben, daß er am nächsten Tag noch lebe. Am 18. September würde nämlich laut Prognose der «Mond im Wassermann mit Blut befleckt werden».

Domitian ließ nun den Astrologen Ascletarius (oft auch Asclepion oder Asclation genannt) vor sich rufen und fragte ihn nach seiner Meinung. Ascletarius bestätigte das Todesdatum und präzisierte: «... noch bevor die fünfte Stunde anbricht.» Daraufhin fragte Domitian listig, ob er für sich selber in bezug auf die nächsten 24 Stunden etwas prognostizieren könne. Der Astrologe antwortete, daß er noch heute von einer Meute Hunde in Stücke gerissen werde. Um die Fehlerhaftigkeit der Prognose zu demonstrieren, ließ der Kaiser ihn auf der Stelle hinrichten und gab Befehl, die Leiche sofort zu verbrennen. Als jedoch der Tote verbrannt werden sollte, brach ein Gewitter los und löschte das Feuer. Die kaiserliche Wache suchte Schutz vor dem Regen und sogleich stürzte eine Meute von Hunden auf die Leiche und zerfetzte sie ...[12]

Am nächsten Morgen, noch in der Nacht, wurde dem Kaiser der Astrologe Larginus Proculeus vorgeführt, welcher ebenfalls die fünfte Stunde des Tages (desselben!) als Todeszeitpunkt bestätigte. Gemäß dem Beispiel von Caligula verschob Domitian die Hinrichtung um einen Tag, um so vor dem Astrologen triumphieren zu können. Zitternd am ganzen Leibe ließ sich der Kaiser in kurzen Abständen die genaue Zeit ansagen. Schließlich wurde ihm versichert, daß die fünfte Stunde vorüber sei. Domitian freute sich schon auf die Trüffel und beschloß, vorher noch ein Bad zu nehmen. Dort wurde er dann erdolcht.

Für Larginus Proculeus bedeutete all dies, daß er am Leben blieb. Vorher hatte er auf Domitians Frage nach einer Prognose zum eigenen Leben gesagt: «Du wirst mich nicht töten, und mein Schicksal ist es nicht, durch dich zu sterben.» Domitians Nachfolger Nerva schenkte dem Astrologen 400000 Sesterzen und ließ ihn frei.[13]

Hadrian (76–138) erstieg im Jahre 117 n. Chr. den Kaiserthron. Mehrere Astrologen, u.a. auch Hadrians Großonkel Aelius Hadrianus, sagten dem jugendlichen Hadrian voraus, daß er später einmal

Astrologe werden würde. Regelmäßig zu Jahresbeginn stellte sich Hadrian das Horoskop der nächsten zwölf Monate. Die astrologischen Fähigkeiten des Kaisers bewegten den Astrologie-Historiker Frederick H. Cramer in seinem Buch *Astrology in Roman Law and Politics* ein Kapitel mit der Überschrift «Hadrian – ein Astrologe auf dem Kaiserstuhl» zu versehen.[14]

Wie die meisten anderen Astrologen auch, war Hadrian nicht auf dieses Gebiet beschränkt: Er wurde in die Mysterien von Eleusis eingeweiht, und er erhielt in einem Tempel in Heliopolis (Ägypten) die Initiation in die «göttliche Magie»; außerdem weilte Hadrian auch in Hermopolis am Obernil, wo man Thot-Hermes, den Gott der Geheimwissenschaften anbetete. Bei diesem biographischen Hintergrund darf es uns nicht erstaunen, daß Hadrian zeitlebens auf Hausastrologen und Magier verzichtete. Die Ereignisse seines letzten Lebensjahres soll der Kaiser bis auf die Stunde genau, inklusive der Todesstunde, im voraus notiert haben.[15]

Die nachfolgenden Herrscher Aurelius und Commodus waren der Astrologie ebenfalls wohlgesonnen. Commodus' Nachfolger Septimus Severus (146–211) ließ durch eine Anzeige nach einer Ehefrau suchen, die zu seinem Horoskop paßte; schließlich fand er sie in Julia Domna.[16] Ein Geburtsbild mit fast allen Konstellationen seines Horoskops ließ der Kaiser in seinem Palast an der Decke anbringen. Berichtenswert ist ferner, daß unter Septimus Severus bei Gerichtsverfahren astrologische Argumente berücksichtigt wurden.[17]

Um den zahlreichen astrologietreibenden Scharlatanen auf Roms Straßen Einhalt zu gebieten, gründete Alexander Severus, der von 222–235 regierte, eine «staatliche Lehranstalt für Astrologie». Mit dieser bezahlten Professur wurden die Astrologen den Berufskategorien der Rhetoren und Grammatiker gleichgestellt.[18]

Förderlich für die Astrologie war auch der von Aurelian (214–275) eingeführte Sonnenkult, der ebenfalls von Konstantin dem Großen (280–337), dem Begründer von Byzanz, gepflegt wurde. Der letzte konsequente Vertreter einer auch die Astrologie einbeziehenden Religiosität war Kaiser Julianus (332–363). Die Weltregierung der Planetengötter verherrlichte der Herrscher in einer Rede auf «König Helios» (sol), der auf seiner Bahn die zwölf Tierkreiszeichen passiert. Berater und ständiger Begleiter von Julianus war der neuplatonische Astrologe und Mystiker Maximos.

2. *Berühmte Astrologen*

Neben den schon besprochenen Astrologen Thrasyllus und Balbillus gibt es noch eine Reihe von anderen erwähnenswerten Astrologen.

Nigidius Figulus, ein Zeitgenosse von Kaiser Augustus, gehörte zu den gelehrtesten Astrologen seiner Zeit. Er beherrschte den Wissensstoff aller griechischen und spätägyptischen Schriften. Nigidius Figulus stand im Mittelpunkt der ersten astrologischen Schule Roms und publizierte mehrere Bücher über Prognostik, Meteorologie und Astronomie. Der mit ihm befreundete Astrologiekritiker Cicero verzieh ihm diese «Schwäche», weil er ihn als späten Pythagoras-Anhänger außerordentlich schätzte.

Vom Astrologen und Dichter Manilius erschien in den letzten Jahren der Regentschaft von Augustus ein umfangreiches astrologisches Lehrgedicht, das *Astronomicon.* Schon der Name zeigt die weitgehende Identität von Astrologie und Astronomie in jener Zeit auf. Detailliert hat sich Manilius in diesem Werk von der Vulgärastrologie distanziert.

Claudius Ptolemaeus (100–178) war der berühmteste Astrologe jener Tage gewesen. Die Überlappung der Kulturen kommt in seiner Person auf anschauliche Weise zum Ausdruck: Als Grieche wurde er zwar in Alexandria in Ägypten geboren, doch seine Wirkung bezog sich vor allem auf Rom. Ptolemaeus war sowohl Mathematiker, Geograph, Astronom als auch Astrologe, und oft ist gestritten worden, welches Gebiet ihm am meisten zu verdanken habe. Seine Verdienste in bezug auf die Astrologie liegen vor allem im Zusammenfassen des antiken Wissens. Des Ptolemaeus Schrift *Tetrabiblos* (Vier Bücher), wurde für fast 1500 Jahre (!) die «Bibel der Astrologen» im Abendland.

Für Ptolemaeus gehen Astronomie und Astrologie Hand in Hand. In der Einleitung des ersten Buches des *Tetrabiblos* lesen wir:

«Die Sterndeutung beruht im wesentlichen auf zwei Grundwissenschaften. Die eine, die Astronomie, lehrt uns die Bewegungen von Sonne, Mond und Sternen, ihre Stellung zu jedem Zeitpunkt, sowohl untereinander als gegenüber der Erde. Die andere, die Astrologie, betrachtet die Veränderungen und Wirkungen, die von den Gestirnen hervorgebracht werden, gemäß den ihnen innewohnenden Kräften und dem Einfluß ihrer jeweiligen Stellung.»[19]

Desweiteren geht es in jenem ersten Buch um die systematische Einteilung der Gestirne nach astrologischen Gesichtspunkten. Ptolemaeus ist dabei bemüht, alles mythologische Beiwerk von Planeten und Tierkreiszeichen auf eine «rational-physikalische» Grundlage zu stellen. Im zweiten Teil behandelt der «König der Astrologen» Fragen der geographischen Astrologie, wie z.B. Voraussagen für Städte, Länder und Völker. Seiner Ansicht nach dominieren kollektive Horoskope das Horoskop des Individuums. Teil 3 und Teil 4 konzentrieren sich auf die Prognosen für den einzelnen Menschen («Genethlialogie»). Um einen kleinen Eindruck aus dem *Tetrabiblos* zu geben, zitieren wir eine Stelle aus dem dritten Teil:

«Saturn und Venus ungünstig gestellt, macht die Betroffenen geil, unzüchtig, unkeusch, wahllos und unreinlich im geschlechtlichen Genuß, Frauenjäger, die vor allem den ihnen am nächsten stehenden nachstellen, frech, immer bereit zu tadeln, haltlos, das Gute hassend, zu Klatsch und Verleumdung neigend, trunksüchtig, knechtisch, Verführer, kurz: mit allen Lastern der Unzucht behaftet, Verräter der Götter, Spötter des Heiligen, treulos, verleumderisch, Giftmischer.»[20]

An solchen und anderen Deutungen konnten die nachfolgenden Astrologen-Generationen nicht mehr achtlos vorübergehen.

Auch zwei astronomische Werke von Ptolemaeus, *Almagest* und *Syntaxis*, wurden sehr berühmt. Nach diesen Schriften ist die Erde eine Kugel, die im Mittelpunkt des Himmels steht, welcher wiederum eine Kugel darstellt; u.a. ist es Ptolemaeus zu «verdanken», daß man die heliozentrische Sichtweise des Aristarch von Samos (vgl. Kap. I.2.) nicht mehr diskutierte und sie im Mittelalter dann sogar völlig vergaß.

Ein Zeitgenosse von Ptolemaeus war Vettius Valens (Geburts- und Todesdatum sind nicht überliefert). Auch Valens hat vermutlich längere Zeit in Alexandria gelebt und dort als praktischer Astrologe gewirkt. In seinen Schriften empfiehlt er dem Leser, sich selbst das Tageshoroskop zu stellen, um den richtigen Zeitpunkt für Unternehmungen zu bestimmen; auf diese Weise könne man sich vor Fehlschlägen schützen. Dabei beruft er sich bei seinen Erkenntnissen auf Offenbarungen, die ihm durch göttliche Gnade geschenkt worden seien. Die Darstellungsweise von Valens ist äußerst kompliziert – ganz im Gegensatz dazu bezeichnet er seine Bücher als klar und «strahlend hell».

Große Popularität erlangte in der Spätantike die dem Arzt Galenos (ca. 130–200) zugesprochene Schrift *Prognostiken über bettlägerige Kranke*. Mittlerweile weiß man, daß dieser in unzähligen Astrologenhandschriften enthaltene Text nicht von Galenos, sondern von einem unbekannten Autor stammt. Vermutlich sind die Wurzeln dieser astromedizinischen Ratschläge in der Tradition von Nechepso-Petosiris zu suchen. Ein weiteres Lehrbuch jener Zeit (2. Jahrhundert n. Chr.) war der *Hausschatz* des Astrologen Antiochius von Athen, der sich inhaltlich auch mit Ptolemaeus auseinandersetzte.

Aus der spätrömischen Zeit müssen wir den Schriftsteller und römischen Senator Julius Firmicus Maternus (Ende 3. Jahrhundert – Mitte 4. Jahrhundert) erwähnen. Sein achtbändiges Werk taufte er auf den Namen *Matheseos libri* (Bücher des Wissens). Er bezeichnete die Astrologie als Wissenschaft schlechthin.

Firmicus Maternus gehörte zu jenen Astrologen, die den freien Willen des Menschen nicht in Frage stellten. Hierin erkennen wir eine Änderung der früher durch die Stoa beeinflußten Astrologie. Für Firmicus Maternus war es der Planet Merkur, der seinen Anhängern die astrologischen Weisheiten mitteilte; im Idealfalle sollte der Astrologe ein Priester der Sternengötter sein, der durch sein Gebet das vermeintliche Sternenfatum abwenden konnte.

Zum Schluß sei noch erwähnt, daß die breite Masse der Bevölkerung die Astrologie vor allem durch die vielen namenlosen Straßenastrologen und die Texte der Laienastrologie kennenlernte. Die Wirkung bzw. Popularität jener Texte ergab sich vor allem aus ihren einfachen Anwendungsmöglichkeiten: Wenn einem das nötige Kleingeld fehlte, wurde somit das komplizierte Rechnen und Deuten von Horoskopen überflüssig. Dieser Vulgärastrologie entspricht heute die Sonnenstandastrologie der Zeitschriften.

3. *Satire, Dichtung und Philosophie*

Allgemein betrachtet, begeisterten sich die römischen Dichter und Philosophen nicht so kritiklos für die Astrologie wie die Kaiser – von den stoischen Philosophen einmal abgesehen. Einer, der fleißig gegen die Sterndeutung schrieb, war Cicero (106–43). Durch seine Berichte wird man recht gut über das umfassende Wirken der Astrologie in Politik und Gesellschaft unterrichtet. Der große Redner und Schöpfer der klassischen lateinischen Prosa machte keinen Hehl aus seinem Widerstand gegen den astrologisch bestimmten Zeitgeist:

«Was haben die Chaldäer [Astrologen], meines Wissens, dem Pompejus, Crassus und sogar Cäsar geweissagt, daß jeder erst im hohen Alter friedlich und ruhmreich sterben werde! Deshalb bin ich verblüfft, daß sich noch jemand findet, um solchen Leuten zu glauben, deren Vorhersage man täglich durch Ereignisse Lügen gestraft sieht.»[21]

Cicero wehrte sich energisch dagegen, daß Fehlprognosen angeblich nur auf die mangelnde Ausübung der Kunst, aber nicht auf die Kunst selber zurückzuführen seien.[22] Ein Beispiel für eine solche Fehlprognose betrifft den Konsul Octavius, der von Astrologen im Jahre 84 v. Chr. den Rat erhielt, trotz bedrohlicher Umstände in der Stadt Rom zu bleiben, da sich für ihn alles zum besten wenden werde. Als er erschlagen war, fand man in seinen Taschen jenes «glückverheißende» Horoskop.[23]

Auch der Dichter Ennius (239–169) spottet über die Astrologen:

«Wenig nützen diese marsischen Quacksalber, Dorf-Astrologen und Wahrsager
Im Zirkusgedränge, oder Isis-Priester, Möchtegern-Deuter all deiner Träume
Diese Schwindel-Taschenspieler haben nicht gelernt,
Die Zukunft zu lesen: nur ein Heuchlerpack
Vom Hunger getrieben, sie kennen sich selbst nicht

Geschweige denn andere; und doch versprechen sie dir
Riesenvermögen – wenn du mit ihnen teilst.»[24]

Weniger auf die Straßenastrologen als vielmehr auf die Mittel- und Oberschichtsastrologie bezieht sich die Kritik des Satirikers Juvenal (50/60–140):

«Kein Mathematiker [Astrologe] gilt als begabt, falls er nicht vorbestraft ist; wer aber knapp der Todesstrafe entrann oder von den Zykladen oder der Felseninsel Seriphus eben zurückkehren durfte, den wird deine liebe Frau wegen des zögernden Todes deiner gelbsüchtigen Mutter befragen, zuvor aber, wann die Reihe an dich kommen werde und wann an ihre Schwestern und Onkel... Hüte dich besonders, jener zu begegnen, in deren Händen du ein schmutziges Jahrbuch entdeckst; die nicht mehr um Rat fragt, sondern selbst gefragt wird; die ihrem ins Feld und heimwärts ziehenden Gatten nicht folgt, weil das Losbuch des Thrasyllus ihr abrät. Wenn sie bis zum nächsten Meilenstein fahren will, so sucht sie in ihrem Buche die schicklichste Stunde dafür aus. Wenn ihr Auge juckt, so stellt sie mit Hilfe ihrer Geburtsstunden die geeignete Arznei fest. Wenn sie krank im Bett liegt, so dünkt ihr die geeignetste Stunde zum Essen die zu sein, welche Petosiris angibt.»[25]

Kurz eingehen wollen wir auch auf das dichterische Dreigestirn Vergil (70–19), Horaz (65–8) und Ovid (43 v. Chr.–17 n. Chr.). Vergil spielt in seinen Werken auf kosmische astrologische Zyklen an. Von ihm ist bekannt, daß er mit mehreren Astrologen befreundet war. Auch Hinweise auf Horoskope zeitgenössischer Persönlichkeiten lassen sich bei Vergil finden.

Vertrautheit mit der Astrologie verrät Horaz mit seiner Aussage, daß sowohl er als auch sein Mäzen Gaius Mäcenas im selben Jahr sterben würden (8 v. Chr.) – tatsächlich sollte diese auf Synastrie (Vergleich zweier Horoskope) basierende Prognose eintreffen! Kenntnisse in Astrometeorologie und Astralmagie lassen sich ebenfalls bei Horaz nachweisen.

Ovid schließlich spielte in seinen Werken ebenfalls auf Astrologisches an und wurde darin auch von seinem Publikum verstanden. So brachte er z. B. die Minderwertigkeit eines Gegners mit dessen «schlimmen» astrologischen Konstellationen in Zusammenhang. An anderer Stelle, im *Amor*, spricht Ovid davon, daß der Mars in seiner Radix (Geburtshoroskop) «schädlich» stehe.

Zu den Astrologiekritikern hingegen gehörte der Philosoph Karneades (214–129), der als Botschafter Athens in Rom wirkte. Seiner Ansicht nach haben Menschen mit derselben Geburtszeit unterschiedliche Schicksale, während andere, die zu verschiedenen Zeiten geboren werden, zur selben Zeit stürben. Außerdem würden Tiere dasselbe Schicksal haben wie Menschen, deren Geburtszeitpunkte mit den ihren übereinstimmten, während Native unterschiedlicher Rassenzugehörigkeit und Glaubens selbstverständlich verschiedenartige Schicksale hätten. Karneades bemerkte hier nicht, daß sich sein zweites und sein letztes Argument gegenseitig aufhoben. Im übrigen erkannten die meisten der damaligen Astrologen den Umweltfaktor an.[26]

Der Schriftsteller und Philosoph Plinius der Ältere (23–79) wurde bekannt durch seine Enzyklopädie *Naturalis historia*, welche aus 37 Bänden bestand. In ihr vermischten sich auf seltsame Weise rationalmathematische mit astrologisch-mystischen Auffassungen. Aus der Astrometeorologie, der Iatromathematik (Astromedizin) und der Astromagie z. B. übernahm er viele Details, was ihn jedoch nicht hinderte, die Individualastrologie abzulehnen. Nach einem Hinweis auf das Wirken von Fortuna schreibt Plinius:

«Andere machen statt dieser Göttin ihren Stern und die Gesetze ihrer Geburt für Erfolg und Mißerfolg verantwortlich und glauben, daß Gott ein einziges Mal das Schicksal für alle künftigen Menschen entschieden und sich dann zur Ruhe zurückgezogen habe, (weil die Sterne das ihnen von Gott zugewiesene Menschenschicksal gesetzmäßig vollziehen).»[27]

Der Philosoph Seneca (7 v. Chr.–65 n. Chr.) war zwar Anhänger der stoischen Tradition, aber dennoch war seine Haltung der Astrologie gegenüber ambivalent. Einerseits begegnet uns Seneca als Astrologieanhänger, der die Theorien der kosmischen und individuellen Deutung durch genaues Studium kennengelernt hat, andererseits tritt er zuweilen als entschlossener Kritiker auf. Eine letzte Meinung scheint sich Seneca nicht gebildet zu haben. Als roter Faden läßt sich bei ihm nur die Ablehnung eines astrologischen Determinismus feststellen, zumindest wenn es um das Individuum geht.

Zweischneidig war auch die Haltung des großen Historikers und Philosophen Plutarch (45–125), der auch römischer Konsul war. Plutarch brachte das Kunststück fertig, über die Astrologie zu spotten und gleichzeitig die astrologisch gefärbten *Tischgespräche* zu verfassen; darin wurden z. B. die folgenden Fragen diskutiert: «Warum bewirkt das Mondlicht leichter als das Sonnenlicht Fäulnis?», «Ist die Zahl der Sterne gerade oder ungerade?» und «Welche Lebenschancen haben Siebenmonatskinder?». Unter der Benutzung von Argumenten griechischer Astrologen kommt Plutarch bei der letztgenannten Frage zu dem Schluß, daß Siebenmonatskinder bessere Lebenschancen hätten als Achtmonatskinder. Auch eine Abhandlung mit dem Titel *Über das Mondgesicht* ist uns von Plutarch überliefert.

Der Redner und Philosoph Favorinus (85–150) brachte seine Einwände gegen die Astrologie auf eine kurze Formel: Richtige Prognosen sind rein zufällig. Was Astrologen sagen, beruht nicht auf wirklicher Erkenntnis, sondern auf vagen Vermutungen. Die Astrologiefeindschaft trübte jedoch nicht seine enge Freundschaft mit dem «Astrologenkaiser» Hadrian.

Grundsätzlicher noch waren die Einwände des Philosophen Sextus Empiricus (150–201?). Er bezweifelte überhaupt, daß es eine «Gewißheit des Erkennens» geben könne. Der Einfluß der Gestirne lasse sich ebensowenig beweisen wie die Existenz Gottes. Diesen Ansatz kann man wohl als «frühexistentialistisch» bezeichnen.

Plotin (205–270) schließlich, der Gründer der neuplatonischen Schule, lehnte zwar den astrologischen Fatalismus ab, nahm aber eindeutig für die Wirkung von Planeten und Sternen Partei. Seine Aussage, daß die Stellung der Gestirne eine Disposition anzeige, ohne jedoch die Autonomie des Geistigen in Frage zu stellen, entspricht ziemlich genau der modernen psychologischen Auffassung der Astrologie, wie sie in unseren Tagen z. B. der Psychoanalytiker Fritz Riemann vertritt:

«Damit ist die Verwirklichung des Horoskops abhängig von unserer sozialen Umwelt [...] zugleich aber auch von der vitalen Realisierungskraft des jeweiligen Individuums, dem die Verwirklichung auferlegt ist. Jede Entmündigung, welcher Art auch immer, beraubt den Menschen der Möglichkeit der Individuation und damit auch der Verwirklichung seines Horoskops.»[28]

4. *Der Einfluß der Religionen und Kulte*

In den meisten Kulturen hat sich die Astrologie mit den bestehenden Religionsformen verbinden oder zumindest arrangieren können. Sonne und Mond als Archetypen boten sich hierfür geradezu an. Vom archetypischen Standpunkt macht es keinen Unterschied, vom «sol invictus» oder von der «Sonne Christus» zu sprechen. – Eine Reihe von Beispielen für Sonnen- und Mondgötter haben wir im Kapitel I gegeben.

Bestimmend für das Gros der antiken Kulte und Religionen war Platons Auffassung der Gestirne als sichtbare Götter. Astralreligiöse Kulte, wie z. B. der Orpheuskult, hatten auch in Rom ihre Anhänger. Überhaupt war Rom eine Art Schmelztiegel der unterschiedlichsten Glaubensrichtungen. Der höchste Gott wurde hier als Sonne (sol), Mithras, Aion, Serapis, Abraxas, Herakles, Kybele, Isis oder auch als das Sternbild «Großer Bär» angebetet.[29]

In ihrer toleranten Einstellung nahmen die Römer die religiösen Auffassungen aus vielen jener Länder auf, die sie erobert hatten – ein nicht nur bei den Römern beobachtbares Phänomen. In vielen der oben aufgezählten Kulte findet man die Ansicht, daß man durch Gebete den von den Stoikern verkündeten Determinismus durchbrechen könne; ein interessantes Beispiel erzählt Apuleius: Die Verehrung von Osiris und Isis bedeutete für deren Anhänger die Auflösung der äußeren und inneren Zwänge der Gestirne, denn diese beiden Götter repräsentierten (die hohen astralen Archetypen) Sonne und Mond und konnten somit die anderen, untergeordneten Planeten und Sterngötter ausschalten.[30]

Besonders starke astralreligiöse Bezüge weisen der Mithras-Kult, der Mandäismus und der Manichäismus auf. Der persische Gott Mithras, der später mit dem sol invictus gleichgesetzt wurde, war der Lieblingsgott der römischen Soldaten;[31] sie waren es auch, die diesen

Kult bis nach Germanien und Britannien trugen. Die Höhlentempel, Mithräen genannt, waren an der Decke mit Sternen geschmückt. Das zentrale Kultbild zeigte den stiertötenden Mithras, der oft auch mit einem Sternenmantel bekleidet und von den zwölf Tierkreiszeichen überwölbt war, wie z. B. bei dem Mithrasrelief von Heddernheim (Landesmuseum Wiesbaden).

Auf dem Boden des Mittelganges eines Mithras-Tempels befanden sich die sieben Planetensphären angedeutet, und auf den seitlichen Banketten waren nochmals die zwölf Tierkreiszeichen zu sehen; beides symbolisierte den Weg des Initianden durch die entsprechenden astralen Stationen. Der Initiand mußte versuchen, den Weg des Mithras zu wiederholen: so wie dieser mit seinem Sonnenwagen durch die Tierkreiszeichen fährt, so mußte sich auch der Einzuweihende geistig zu jenen Ebenen aufschwingen. Dabei galt es, von den sieben Planetensphären[32] zu dem Tor des Tierkreises zu gelangen:

«Das siebente und höchste Tor war aus Gold und gehörte der Sonne; das achte Tor führte in den Fixsternhimmel und wohl speziell in den Tierkreis; man kann annehmen, daß ähnlich wie bei den Ophiten [schlangenanbetende gnostische Sekte] der jeweilige Planetengott in seiner besonderen Gestalt bei seinem Tor dargestellt gewesen ist. Möglich ist, daß der Myste durch besondere Kulthandlungen, auch durch Anlegen eines bestimmten Gewandes, sich den Planetengott gnädig stimmte und in seine Gestalt verwandelt zu werden vermeinte; damit wäre die Vorstellung, daß die Seele zu ihrem Stern zurückkehrt und dessen göttliche Gestalt annimmt, symbolisiert gewesen.»[33]

Der Mithraskult war einer der stärksten Konkurrenten des Christentums in Rom. Verblüffend sind die Parallelen zwischen diesen beiden Glaubensrichtungen: Im Mithraskult wird symbolisch ein Stier (vgl. «Lamm Gottes») geschlachtet, den man zusammen mit dem Sonnengott Mithras (vgl. «Sonne Christus») in Form von Wein und Brot (!) einnimmt. Ein historisches Beispiel einer solchen Meßfeier, an der auch Kaiser Nero teilnahm, berichtet uns Stierlin:

«Es scheint so, als sei dieses geheiligte Mahl, dieses ‹magische Abendmahl› eine Art ‹Kommunion› gewesen, welche die Gläubigen auf Betten um einen Tisch herumliegend zu sich nahmen. Cassius Dio fügt hinzu, nach dem Schauspiel, das Nero beim Besuch des Tiridates veranstaltete – einem heiligen Mysterium, auf das wahrscheinlich Spiele zu Ehren des Gottes [Mithras] folgten – sei es weiter so zugegangen: ‹... und natürlich hielten sie auch ein kostspieliges Gastmahl ab. Nero aber sang danach öffentlich zur Leier und fuhr auch einen Wagen [Sonnensymbol!].› Bekanntlich ist die Leier das Instrument von Apollo. Hier sind alle Aspekte von Neros Identifizierung mit den Sonnengottheiten Helios-Appoll-Mithras in einer synkretistischen Formel zusammengefaßt.»[34]

Cumont hat den Mithraskult sicherlich mit Recht als «astrologische Religion» bezeichnet – nicht umsonst trugen die Mithras-Priester den Titel «studiosus astrologiae».[35]

Die Mandäer, auch Nazoräer oder Sabier genannt, erlebten keine so große Verbreitung ihres Kultes wie die Mithrasanhänger. Das Wenige, das wir von dieser gnostischen Sekte wissen, deutet auf eine Sternenanbetung hin, die mit frühchristlichen Vorstellungen verknüpft war. Es gab in jenem Kult eine Feier des Aufstiegs der Seele (nach dem Tod) in das Sternen- und Lichtreich des großen Mana, des Königs des Lichts. Ähnliche Anschauungen lassen sich auch bei anderen gnostischen Sekten finden.

Der Manichäismus war eine vom Religionsgründer Mani ins Leben gerufene gnostische Religion, die jüdische, altiranische, buddhistische und christliche Lehren zu einer komplizierten Heilslehre verband. In einer mythischen Form stellt sie das Weltdrama dar vom Uranfang der Weltentstehung über die Fesselung der vom «König der Finsternis» aus dem Reiche des «Königs der Lichtparadiese» geraubten Lichtelemente an die Materie bis zu deren Erlösung mit Hilfe göttlicher Sendboten und durch Askese.

Nicht nur literarische Zeugnisse, sondern auch Bildmonumente zeigen, daß in dem relativ stark verbreiteten Manichäismus die zwölf Tierkreiszeichen eine große Rolle spielten; so entsprachen z. B. «zwölf Lichtjungfrauen» den Tierkreiszeichen. Der Tierkreis wurde auch als Schöpfrad für die zerstreuten Teile des kosmischen Urlichts interpretiert. Ein Anhänger sowohl der Astrologie als auch des Manichäismus war in seiner Jugendzeit der Heilige Augustinus gewesen. Er hielt diese

Glaubensform (vorerst) für «wissenschaftlicher» als das Christentum.[36]

Streng abgelehnt haben die orthodoxen Juden, von denen es auch in Rom einige gab, die Ausübung und Erforschung der Astrologie. Ihrem Glauben nach befiehlt Gott den Menschen, alles hinzunehmen, wie es ist, und es ist verboten, über die Natur der Dinge Spekulationen anzustellen. Diese Position wurde jedoch teilweise aufgeweicht. Manche Juden behaupteten im späten Rom sogar, daß die Astrologie eine jüdische Entdeckung sei. Optisch dokumentiert wird die Hinwendung des Judentums zur Astrologie durch die zu Anfang unseres Jahrhunderts in Judäa ausgegrabenen Synagogen von Bet-Alpha und Ain-el-Duk, die wunderschöne Tierkreismosaiken aufweisen. Dem Einfluß der römischen Kultur konnte sich somit auch das Judentum nicht entziehen.

Das Christentum schließlich gehörte zunächst zu den natürlichen Feinden der Astrologie. Der Sternenfatalismus der stoisch geprägten Astrologie widersprach der Allmacht Gottes genauso wie ein Heer von Planetengöttern und Sterndämonen.

In ihren Angriffen auf die Astrologie benutzten die alten Kirchenväter meist die schon erwähnten Argumente von Panaitios (Kap. VII.2.) und Karneades (Kap. VIII.3.). Spezialisten der biblischen Argumentation hingegen waren Hippolytos und Origines. Doch selbst Origines akzeptierte die Vorstellung, daß Kometen und Planetenkonstellationen künftige Ereignisse ankündigen können, so z.B. weist er auf den «Stern von Bethlehem» hin.

Auch unter den Christen gab es viele Astrologieanhänger und aktive Astrologen, z.B. Firmicus Maternus (Kap. VIII.3.). Ihnen allen kamen astrologische Anspielungen wie der biblische «Stern von Bethlehem» sehr entgegen. Im archetypischen Sinne *mußte* für das Volk die Geburt eines Heilands von dem «synchronistischen Phänomen» (Jung) einer spektakulären Himmelserscheinung begleitet sein. Gegen *diese* Form von Astrologie konnte die Kirche natürlich nichts haben... In den Jahrhunderten n.Chr. wurden die drei Weisen allgemein für Fachastrologen gehalten. Während der Kirchenlehrer Petrus Chrysologus (ca. 400–450) in ihnen mesopotamische Astrologen erkannte, waren es für den Bischof von Cäsarea persische Astrologen; «Könige» wurden die drei Weisen erst ab dem 6. Jahrhundert genannt.[37] Noch Johannes Kepler hat den «Stern von Bethlehem» mit einer astrologischen Konstellation, einer Jupiter-Saturn-Konjunktion im Jahre 7 v. Chr., in Zusammenhang gebracht.

Astrologiefreundliche Christen und Astrologen brauchten sich jedoch nicht nur auf jenen Wunderstern zu berufen: auch im Alten und im Neuen Testament, besonders in der *Offenbarung des Johannes*, fanden sich eine Reihe von astralreligiösen und astrologischen Vorstellungen bzw. Anspielungen; aus Platzgründen können wir auf diese jedoch nicht eingehen. Erwähnt seien allerdings das himmlische Jerusalem mit seinen zwölf Toren und den zwölf Engeln, von denen je drei nach den vier Himmelsrichtungen (analog den vier Quadranten des Tierkreises) ausgerichtet sind, und die Mauern dieser ewigen Stadt, deren Fundamente aus zwölf Teilen bestehen, die mit je einem kostbaren Edelstein (analog den Götter- bzw. Stern- und Planetenregenten der Zeichen) geschmückt sind. Zitiert sei ferner aus der *Offenbarung des Johannes*: «Ich, Jesus... bin die Wurzel und der Stamm Davids, der strahlende Morgenstern.» (Apc 22,16)

Solche und andere biblische Anspielungen nahm z. B. die christliche Sekte der Priscillianisten auf. Ähnlich wie in Griechenland die zwölf Tierkreiszeichen zwölf olympischen Göttern zugeordnet wurden, so benannten die Priscillianisten die zwölf Zeichen nach bekannten Patriarchen der Bibel. Wie unausrottbar solche Vorstellungen waren, zeigt die Tatsache, daß mehrere Konzile (447, 553 und 561) die Verchristlichung der Tierkreiszeichen verdammen mußten. Gegen die Macht von Archetypen kämpfte die Kirche jedoch vergeblich: Erinnert sei hier nochmals an die Klage von Papst Leo I., daß die Christen Roms der Peterskirche morgens den Rücken zukehrten, um die aufgehende Sonne anzubeten. Ohne Zweifel hat das Erlöserprinzip solare Qualität.

Bei der allgemeinen Verbreitung des astrologischen Gedankenguts äußerten manche Kirchenmänner nur noch moderate Astrologieschelten. Bardesanes (154–222), ein syrischer Missionar, lehnte zwar die fatalistische Form der Astrologie ab, doch er akzeptierte die Kräfte der Planeten als von Gott geborgte Kräfte.

Tertullian, ein christlicher Schriftsteller aus dem 2. Jahrhundert, war der seltsamen Auffassung, die Astrologie sei dem Menschen von gefallenen Engeln gebracht worden; diese seien zwar ausgezeichnete Meteorologen, doch sollten die Christen auf die Sterndeutung besser verzichten.

Wie schon berichtet, war der Heilige Augustinus in seiner Jugendzeit ein glühender Anhänger der Astrologie gewesen. Nach seiner Konversion vom Manichäismus zum Christentum wurde er zu deren Feind. Seine schärfsten Kritiken kann man nachlesen, und zwar in *Vom Gottesstaat* und *Die Stadt Gottes*. Danach ist die Astrologie sowohl atheistisch als auch das Werk böser Geister. Ironischerweise hat jedoch gerade Augustinus durch seine Prädestinationslehre ein wichtiges Fundament für die christliche Astrologie geschaffen.

Wie stark die Astrologie in Kirchenkreisen verbreitet war, zeigen eine Reihe von Konzilsbeschlüssen gegen sie. Christliche Astrologen vom Schlage eines Firmicus Maternus ließen sich dadurch jedoch nicht einschüchtern (Kap. VIII.3.). Seine *Matheseos libri* wurden im Mittelalter fleißig von christlichen Astrologen und astrologiefreundlichen Theologen zitiert.

IX.

MITTELALTER UND RENAISSANCE

1. *Kaiser und Päpste*

Das Quellenmaterial über die Geschichte der Astrologie im Mittelalter und in der Renaissance ist derart umfangreich, daß sich ohne weiteres ein mehrbändiges Werk damit füllen läßt. Don Cameron Allen, ein Autor unseres Jahrhunderts, schrieb: «Die Astrologie-Literatur ist so gewaltig wie die Menschheitsgeschichte. Kein Forscher kann hoffen, ihre eng verschlungenen Fäden allein zu entwirren.»[1] Dabei ging es Allen vorwiegend nur um die theologische Astrologiediskussion...

Da im vorliegenden Band die *Anfänge* der Astrologie im Vordergrund stehen, dürfen wir für diesen letzten Abschnitt die Leserinnen und Leser auf die ausführlichere Literatur anderer Autoren hinweisen.[2] Doch völlig ohne den Bezug zum Mittelalter und zur Renaissance soll dieses Buch nicht ausklingen. Zu jedem der drei Kapitelthemen geben wir einige exemplarische Beispiele.

Mit den Kreuzzügen und dem Vormarsch der arabischen Natur- und Geisteswissenschaften über das Einfallstor Spanien gelangte die Astrologie ins Abendland. Doch schon unter den Karolingern ist astrologisches Wissen nachweisbar. Karl der Große und sein Sohn Ludwig schlossen aus bestimmten Himmelskonstellationen auf ihren baldigen Tod, welcher allerdings nicht eintrat, und ottonische Kaiserinnen ließen Schmuckkästen herstellen, auf denen sich die Abbildungen der zwölf Apostel und der Tierkreiszeichen gegenüberstanden. Zur selben Zeit verbot die Kirche das Abwarten des Neumondes für Häuserbauten und Hochzeiten.[3]

Zu einem allgemeinen Astrologieschub trug die arabisch-spanische Astrologie des 12. und 13. Jahrhunderts viel bei.

Auch die Juden hatten an dieser Entwicklung ihren Anteil. Der Vorleser der Synagoge von Toledo, Isaak Ibn Sid, gab die im Mittelalter berühmten «alfonsinischen Tafeln» (Planetentafeln) heraus. König Alfons X. war ein großer Förderer von Astrologie und Astronomie und erhielt den Ehrentitel «astrologus». Toledo war auch der Ausgangspunkt einer ganz Europa in Panik versetzenden astrologischen Prognose. Aus einer Ballung von Planeten in der Waage sagte man ein (nicht eingetroffenes) schreckliches Erdbeben voraus. Ähnlich beunruhigend auf die europäische Bevölkerung wirkte die Sintflut-Prognose für das Jahr 1524 (viele Planeten standen in den Fischen). In Berlin kletterte der brandenburgische Kurfürst Joachim I. auf den nur wenige Meter hohen Kreuzberg, um den Fluten zu entgehen, und Kaiser Karl V. von Spanien zitterte zusammen mit seinen Untergebenen um das Überleben; eine Ummenge von Archen wurden zu jener Zeit gebaut...[4]

Viel beigetragen zur Verbreitung der arabisch-spanischen Astrologie hat der Astrologe Gerbert, der unter dem Namen Sylvester II. 999 zum Papst gewählt wurde. Gerbert hatte sich längere Zeit in Spanien aufgehalten und dort Astronomie und Astrologie gelernt. Mehrere astronomische und astrologische Werke stammen aus seiner Feder. Gerberts Name war viele Jahrhunderte hindurch mit dem Odium des Magischen behaftet. Der Papst stand im Ruf, ein Teufelsanbeter zu sein und fleißigen Umgang mit Dämonen zu pflegen – für einen Papst in der Tat ein seltsamer Zeitvertreib... Wie wir noch sehen werden, war Gerbert nicht der einzige Paradiesvogel auf dem Papstthron.

Die *offizielle* Haltung der Kirche der Astrologie gegenüber war vorwiegend kritisch. Solange jedoch die praktizierenden Astrologen die Allmacht Gottes nicht durch Sternenkräfte in Frage stellten, konnte man sich arrangieren. Jedenfalls haben wesentlich weniger Astrologen auf dem Scheiterhaufen oder im Kerker ihr Leben beendet, als man vermuten könnte. Dies hat seine Gründe nicht zuletzt in der – im Privatbereich! – astrologiefreundlichen Haltung vieler Päpste.

Allein der Astrologe Gauricus war Berater von drei Päpsten des 16. Jahrhunderts (Leo X., Clemens VI., Paul III.). Mehrere Päpste veranlaßten auch die Gründung von Lehrstühlen an Universitäten – Bedarf an Astrologen hatten die Päpste jedenfalls immer: besonders zur Berechnung von Inthronisationen und Kriegszügen waren ihre Dienste gefragt. In diesen Praktiken unterschieden sich die Päpste nicht von den weltlichen Herrschern. Papst Paul II. setzte seine Astrologen jedoch nicht nur für «profane» Zwecke wie z.B. Grundsteinlegungen von Kirchen ein: Marius Alterius, der letzte astrologische Berater dieses Papstes, prophezeite ihm für das 82. Lebensjahr (!) einen außerordentlichen sexuellen Erfolg bei Frauen, «welcher Ihren Geist mit einzigartiger Wonne überwältigen wird.»[5] Über das Eintreffen der Prognose ist im übrigen nichts bekannt...

Immerhin gab es auch Kirchenleute, die kritischer gegenüber der Astrologie auftraten. Zu zeitweisen Astrologenverfolgungen und Bannsprüchen kam es unter den Päpsten Sixtus V. und Urban VIII. im 16. Jahrhundert. Da konnte es beispielsweise in einer kirchlichen Verlautbarung heißen:

«Es sind vor allem die Astrologen, die auf eine falsche und unhaltbare Sternwissenschaft gestützt, den Menschen Vergangenheit, Gegenwart und Zukunft, sowie alle denkbaren Angelegenheiten enthüllen wollen und sogar das, was vom freien Willen abhängt, den Sternen zuschreiben.»[6]

Besonders streng wurden diese Bestimmungen allerdings nicht gehandhabt; die Astrologie war viel zu sehr im Denken der Menschen, auch in dem der Kirchenleute, verankert. Urban VIII., der die eben zitierte Verlautbarung aus dem Jahre 1586 in einer eigenen Bulle im Jahre 1631 erneuerte, war selber Gönner eines Astrologen!

Nicht fehlen darf bei unserem Kurzüberblick die spektakulärste Prognose eines Klerikers: Der Pariser Kanzler der Sorbonne und 1414 als Kardinal ernannte Pierre d' Ailly schrieb ein mehrbändiges Werk über die Übereinstimmung von Christentum und Astrologie; in ihm findet sich die berühmte Voraussage auf die französische Revolution: «anno christi 1789 – wenn die Welt bis dahin noch steht, was nur Gott allein weiß – [werden] große und wunderbare Veränderungen der Welt vor sich gehen.»[7]

Auf welche Weise diese Prognose zustande kam, ist nicht bekannt. Wie schon früher (Kap. VIII.1.) erwähnt, sind viele Astrologen mit Hilfe magischer Techniken tief ins kollektive Unbewußte eingetaucht. Überhaupt finden sich im 15. und 16. Jahrhundert eine Reihe von faustischen Gestalten wie z.B. Paracelsus, Agrippa von Nettesheim und Nostradamus – sie alle haben sich auch mit der Astrologie auseinandergesetzt.

Neben Kardinälen, Bischöfen und Päpsten haben sich auch Theologen und Mystiker der Astrologie angenommen. Hildegard von Bingen (1098–1173) war beseelt von der Mikro-Makrokosmos-Entsprechung. Sie lehnte zwar die übliche Form der Astrologie ab, war aber von Sonne und Mond als Herren der Körper- und Seelenkonstitution überzeugt. Außerdem setzte sie die fünf Planeten den fünf Sinnen gleich. Eine Besonderheit bei Hildegard von Bingen ist die Ausarbeitung von Empfängnislunaren. Wie schon manch antiker Autor ging sie davon aus, daß das Empfängnishoroskop wichtiger sei als das Geburtshoroskop. Nicht immer hielt sich Hildegard an ihre Ablehnung der prognostischen Astrologie, wie folgendes Beispiel zeigt:

«Ein Mensch, der im ersten Monde, d.h. wenn er die erste Nacht sein Licht von der Sonne erhält, empfangen wird, wird, falls er männlich ist, stolz und hart sein, und er wird keine Menschen lieben, außer wer ihn fürchtet und ehrt. Er verrät gerne die Mitmenschen, ihren Stolz und alles, was sie haben, ein Greis wird er aber nicht lange sein.»[8]

Bei Meister Eckhardt (1260–1329) treffen wir die archetypische Vorstellung an, die gereinigte Seele steige nach dem Tod zu den Planeten und Sternen auf. Eckhardt geht zudem von den Planetendispositionen als Tatsachen aus:

«Ist die Seele zu einem seligen Himmel geworden, so ziert unser Herr sie mit den sieben Sternen, die St. Johannes schaute, im Buch der Geheimnisse, da er den König über alle Könige sitzen sah auf dem Throne seiner göttlichen Herrlichkeit ‹und hatte die sieben Sterne in seiner Hand.› So merket denn: es ist der erste Stern, Saturnus, ein Läuterer; der zweite Jupiter, ein Begünstiger [...] [usw.]»[9]

Albertus Magnus (1200–1280), ein Dominikaner, der wegen seiner außerordentlichen naturwissenschaftlichen Kenntnisse den Titel «doctor universalis» erhielt, deutete die Intelligenzen der Gestirne als Engel; auf diese Weise wurde das heidnische Sternenpantheon christianisiert. Ferner vertrat er die Vereinbarkeit von astrologischer Deutung und Christentum, wobei er den freien Willen unterstrich. Seltsamerweise jedoch führte er sich selbst ad absurdum: Er glaubte, in Kinderhoroskopen die zukünftige Entwicklung im Detail voraussagen zu können.

Albertus Magnus' berühmtester Schüler war der Kirchenlehrer und Heilige Thomas von Aquin (1225–1274). Seine in vielen theologischen Werken niedergelegten Ansichten, u.a. in *Summa Theologiae* und *Summa contra Gentiles*, sollten der Kirche in den nächsten Jahrhunderten häufig als Richtschnur dienen. Thomas vertrat zwar den freien Willen gegen das Sternenfatum, doch er verteidigte die meteorologische und die medizinische Astrologie. In der Praxis allerdings beschränkte sich der Arzt durchaus nicht auf die medizinischen Aspekte des Geburtshoroskops.

Thomas von Aquins Ansichten über den freien Willen und den Entwicklungsstand eines Individuums sollten große Verbreitung in der Astrologiediskussion finden:

«Die Mehrzahl der Menschen folgt den Leidenschaften, den Regungen des sinnlichen Strebensvermögens; zu diesen Regungen können die Himmelskörper ihren Einfluß beisteuern; es gibt aber nur wenige Weise, die derartigen Leidenschaften widerstehen. Und darum können die Sterndeuter für die Mehrzahl der Fälle Wahres voraussagen, besonders, wenn sie sich an allgemeine Aussagen halten. Nicht aber im Einzelnen, denn nichts hindert einen Menschen, durch freie Selbstbestimmung den Leidenschaften zu widerstehen. Darum sagen auch die Sterndeuter selbst: ‹Der Weise steht über den Sternen, sofern er nämlich seine Leidenschaften beherrscht.›»[10]

Roger Bacon (1212–1284), ein gelehrter Franziskaner («doctor mirabilis»), träumte schon im 13. Jahrhundert von Maschinen und Automobilen. Er war der «stärkste Verteidiger der Astrologie unter den christlichen Denkern; nicht *obwohl*, sondern *weil* er Naturforscher sein wollte und war.»[11] Naturwissenschaft und Astrologie wurden erst im 16. und 17. Jahrhundert zunehmend zum Widerspruch.

Bacons wissenschaftliche Verdienste bezogen sich vor allem auf Feinmechanik und Optik. Er war es auch, der die chemische Beschaffenheit des Schießpulvers entdeckte. Für Bacon waren Alchimie und Astrologie noch Bestandteile einer sinnvollen «Naturwissenschaft». Desweiteren gehörte Bacon auch zu den magisch arbeitenden Astrologen: Er glaubte an die Wirksamkeit von Zauberformeln, wenn sie nur zum (astrologisch) richtigen Zeitpunkt gesprochen würden. Bei ihm wie auch bei anderen Astrologen spielte das intensive Studium der jüdischen Kabbala eine wichtige Rolle.

Letzteres gilt auch für Pico della Mirandola (1463–1494), der ebenfalls dem magisch-mystischen Denken ergeben war. Trotz dieses Hintergrundes war Pico, ähnlich wie sein Freund Savonarola, ein erbitterter Feind der Astrologie:

«Wie versteht es die Astrologie, die Hoffnung aufzustacheln! Mit welcher Dreistigkeit gesellt sie sich dem Kreise der Wissenschaften zu! Sie ist die Verderberin der Philosophie, beschmutzt die Medizin und legt die Axt an den Stamm der Religion. Dem Menschen raubt sie die Ruhe und erfüllt ihn mit ängstigenden Bildern. Den Freien macht sie zum Sklaven.»[12]

Wilhelm Knappich erklärt die Widersprüchlichkeit von Picos Denksystem mit einem biographischen Faktum: Drei Astrologen, darunter auch einer von Picos Intimfeinden, prognostizierten ihm, daß er das 33. Lebensjahr nicht vollenden würde. In einer Abreaktion seiner Angst – so Knappich – habe er dann aus Rache die Astrologie in Grund und Boden verdammt. Als Pico mit knapp 32 Jahren tatsächlich starb, hieß es allgemein: «Die Sterne haben wider Pico gesiegt.»[13]

Martin Luthers (1483–1546) Gegnerschaft zur Astrologie ist allgemein bekannt. Weniger bekannt ist allerdings, daß ihn diese Einstellung nicht daran hinderte, für ein Prognostikum des berühmten Astrologen Johann Lichtenberger ein Vorwort zu schreiben (*sampt einer nutzlichen vorrede und unterricht D. Martini Luthers, wie man die selbige und dergleichen weissagungen vernemen sol.*). Des Rätsels Lösung geht aus dem Inhalt des Textes hervor:

«Die Schrift wird der Brunnen des lebendigen Wassers werden, nicht kaiserliches und nicht päpstliches Recht. Es wird ein heiliger Mann kommen, durch den wird Gott Wunder tun und befehlen, daß man das Evangelium predige.»[14] Wer jener «heilige Mann» sein würde, war natürlich dem Leser eindeutig klarzumachen ...

Der bedeutendste Mitarbeiter Luthers, Philipp Melanchthon (1497–1560), war dagegen ein Astrologe; an der Wittenberger Universität hielt er Vorlesungen mit dem bezeichnenden Titel «initia doctrinae physicae». Bei seiner Verteidigung der Astrologie zitierte Melanchthon aus der Bibel. Dies wollte in jener Zeit allerdings nicht besonders viel bedeuten, da sich Anhänger und Gegner der Astrologie mitunter mit *denselben* Bibelzitaten bekämpften! Melanchthon veranlaßte auch eine neue Ausgabe von Ptolemaeus' *Tetrabiblos* (vgl. Kap. VIII.2.) und pries im Vorwort die Astrologie als die «Krone des Menschengeschlechts».

Von katholischer Seite leistete im 16. Jahrhundert der Dominikaner Tommaso Campanella (1568–1639) einen astrologischen Beitrag zur Staatsphilosophie. In seinem Werk *Der Sonnenstaat* wird das ideale Gemeinwesen völlig auf die Astrologie ausgerichtet. Städte sollen z. B. nur nach astrologisch günstigen Zeitpunkten gegründet werden; ähnliches gilt für die Berufswahl, Geburtenregelung, Regierungsmethoden usw. Ferner «weilen vierundzwanzig Priester oberhalb des Tempels, die um Mitternacht, am Mittag, am Morgen und am Abend, also viermal am Tage, zur Ehre Gottes Psalmen singen und deren Aufgabe es ist, die Gestirne zu beobachten, mit Hilfe von Astrolabien ihre Bewegungen und Wirkungen auf die menschlichen Angelegenheiten zu vermerken und ihre Eigenschaften kennenzulernen.»[15] Dreißig Jahre seines Lebens verbrachte Campanella wegen eines politischen Komplotts in Gefängnissen. An Papst Paul V. schrieb er aus dem Kerker, dieser sei nur aus astrologischen Gründen gegen ihn eingenommen.

Kurz eingehen wollen wir noch auf die Rolle der Astrologie am weltlichen Hofe. Aus den unzähligen Beispielen seien einige wenige ausgewählt.

Friedrich II. von Hohenstaufen (1194–1250) hatte eine freundschaftliche Verbindung mit dem Aristoteles-Übersetzer und Astrologen Michael Scotus. Der Kaiser hielt sich jedoch mehrere Astrologen. Eine Anekdote berichtet, Friedrich habe einen Astrologen bei dessen Bewerbung gefragt: «Durch welches Tor werde ich heute am Abend das Schloß verlassen?» Der Astrologe antwortete dem Kaiser, dieser möge seine in einem Brief versiegelte Antwort lesen, sobald er tatsächlich aus dem Schloß herausgetreten sei. Friedrich ließ daraufhin ein Loch in die Mauer schlagen und las anschließend den Brief: «Der Kaiser wird heute beim Hinausgehen einen neuen Weg beschreiten». Der Astrologe wurde eingestellt...[16]

Karl V. wurde durch den späteren Papst Hadrian VI. in der Astronomie und der Astrologie unterrichtet. Maximilian I. und Maximilian II. waren mit Astrologen befreundet und ließen sich von diesen beraten. Ferdinand I. (Österreich) hatte selber astrologische Kenntnisse. Ferner waren die meisten Herrscher der Habsburger und der italienischen Medici-Familie Gönner von Astrologen und bedienten sich deren Künste fleißig.

2. *Die Kunst als Spiegel des Zeitgeistes*

Wie zu allen Zeiten drückten die Künstler des Mittelalters und der Renaissance aus, was die Menschen empfanden. Erich von Beckerath hat in seinem Buch *Geheimsprache der Bilder*[17] eine Vielzahl von Beispielen kirchlicher und weltlicher Kunst vorgestellt, die von der Astrologie beeinflußt sind. Selbst in der Kathedrale von Chartres und im Kölner Dom läßt sich das Wirken der Astrologie nachweisen. Direkte Darstellungen des Tierkreises finden sich z.B. an den Kathedralen von Vézelay und Civray (Frankreich) und auch an dem Südost-Portal der Kirche von Schwäbisch-Gmünd. Ferner belegen mittelalterliche Handschriften, in denen Jesus in der Mitte der zwölf Tierkreiszeichen abgebildet ist, die prinzipielle Vereinbarkeit von Astrologie und Kirche – trotz vereinzelter Bannsprüche. Auch die Zuordnung der vier Evangelisten zu den vier Tierkreiszeichen des «fixen Kreuzes» (vgl. Kap VII.2.) ist in der christlichen Kunst allgegenwärtig. Schon im Alten Testament wird um ca. 600 v. Chr. (!) die Erscheinung von vier Lebewesen wie folgt beschrieben:

«Ihre Angesichter waren vorn gleich einem Menschen, und zur rechten Seite gleich einem Löwen bei allen vieren, und zur linken Seite gleich einem Ochsen bei allen vieren, und hinten gleich einem Adler bei allen vieren.» (Ez 1,10)

Den Astrologiekundigen verblüfft hier die Ähnlichkeit mit den beiden Tierkreisachsen Wassermann/Löwe und Stier/Skorpion (früher oft Adler genannt). Nochmals stoßen wir in der *Johannesoffenbarung* auf das «fixe Kreuz»:

«Und das erste Tier war gleich einem Löwen, und das andere Tier war gleich einem Stier, und das dritte hatte ein Antlitz wie ein Mensch, und das vierte war gleich einem fliegenden Adler.» (Apc 4,7)

Jene Tiere sitzen um den Thron Gottes. Sie wurden von den Christen als «Sprachrohre» (Evangelisten) des Allmächtigen interpretiert. Daß es sich bei den vier Tieren um eine archetypische Vorstellung handelt, wird spätestens deutlich, wenn man sich manche Sphinxfiguren der Hethiter und Ägypter betrachtet: ein menschlicher Kopf verbindet sich mit einem Löwenhinterteil, Adlerflügeln und Stierhufen.[18] Oft ist in diesem Zusammenhang darüber spekuliert worden, daß früher einmal die kardinalen Sternbilder (die Sternbilder der zwei Sonnenwenden und Tagundnachtgleichen) mit jenen des heutigen «fixen Kreuzes» identisch waren. Der Frühlingspunkt hätte demzufolge einmal im Stier gelegen. Auch C. G. Jung gehörte zu den Vertretern dieser These.[19]

Besonders beliebt waren im Mittelalter und in der Renaissance die Gleichsetzung der zwölf Tierkreiszeichen mit den zwölf Aposteln. Das berühmteste Beispiel hierfür ist Leonardo Da Vincis «Abendmahl». Wie Da Vinci in seinen Aufzeichnungen vermerkte, hat er nach seinem Studium der Astrologieschriften von Ptolemaeus die Apostel jeweils einem Tierkreiszeichen (von rechts nach links) zugeordnet. Den einen oder anderen praktischen Tip mag da Vinci von dem eng mit ihm befreundeten Kartographen und Astrologen Konrad Türst erhalten haben.

Zur Verdeutlichung des Bildes wollen wir an dieser Stelle zumindest vier Apostel näher beschreiben:[20] Der Zwilling (Matthäus) schaut mit dem Kopf nach rechts und zeigt mit den Händen nach links; damit wollte der Künstler die Gespaltenheit dieses Typus zum Ausdruck bringen. Philippus (Krebs) verdeutlicht mit Mimik und Gestik eine starke Gefühlsintensität. Bei seinem Anblick glaubt man, er «schmelze» hinweg... Die kritische Jungfrau (Thomas) stellte Da Vinci mit einem erhobenen Zeigefinger dar, während Andreas (Steinbock) mit seinen extrem abwärts gebogenen Mundwinkeln und einer distanzierenden Handgeste Vorbehalte und Abwehr signalisiert.

Kein Renaissancekünstler hat sich jedoch so häufig der astrologischen Symbolik bedient wie Albrecht Dürer. Seine Liebe zur Astrologie ging sogar so weit, daß er in einer schriftlichen Anleitung für die Erziehung von Malerlehrlingen das Geburtshoroskop als Grundlage des Unterrichts empfahl.[21]

Ohne Astrologiekenntnisse lassen sich viele Renaissancebilder nicht deuten – beileibe nicht nur die von Dürer. Auf dem Kupferstich «Sol

Iustitiae» sehen wir z. B. eine Sonnengestalt, die auf einem Löwen sitzt. Die rechte Hand weist mit einem Schwert nach oben, die linke mit einer Waage nach unten. Im Gegensatz zu heute war dem damaligen Betrachter die Bedeutung dieses Bildes auf Anhieb verständlich. Es handelt sich um die Darstellung des bekannten astrologischen Merkverses: «Die Sonne regiert den Löwen und ist erhöht im Zeichen Widder; in der Waage ist sie im Fall.» Die Zuordnung Schwert-Widder ergibt sich daraus, daß der Kriegsgott Mars meist mit einem Schwert über seinem Tierkreiszeichen Widder abgebildet wurde.

Auch die damals beliebten «Planetenkinderbilder» benutzte Dürer als Vorlage für seine Federzeichnungen. Auf zwei seiner Saturndarstellungen erkennen wir das «Planetenkind» (ein Mensch, der «unter» diesem Planet geboren wurde) mit einem amputierten Bein oder mit einer unerträglich schweren Last auf dem Rücken.[22] Daß Dürer bemüht war, menschliche Darstellungen zu schaffen, die ihre Zugehörigkeit zu einem bestimmten Planeten ausdrücken, geht auch aus seinen Proportionsstudien hervor; hier machte er genaue Angaben darüber, welche astrologische Konstellation welchem Menschentyp entspricht.[23]

Eines der berühmtesten astrologisch inspirierten Meisterwerke Dürers ist der Stich «Melencolia I». Angeblich hat Dürer dieses Bild dem saturnfürchtigen und melancholischen Kaiser Maximilian I. gewidmet. Aus welchem Grund auch immer Dürer diesen Stich hergestellt hat, so sind die Anspielungen auf Saturnisches unübersehbar: Fledermaus (ein traditionelles Saturntier), Sterbeglocke (Saturn als Tod), Stundenglas (Zeitprinzip), Werkzeuge der Geometrie und Baukunst, Klistierspritze (Saturn als Reinigung), ein riesiger Steinblock u. a.[24]

Schließlich erkennen wir im Mittelpunkt des Bildes eine Gestalt, die sehr ernst und konzentriert blickt. Dürer selber hat einmal gesagt: «Man kann wohl ein Bild machen, dem der Saturnus oder die Venus aus den Augen herausscheinet.»[25] Hier blickt uns zweifellos Saturn an. Um dem saturngeplagten Menschen einen Ausweg zu zeigen, hat Dürer hinter der Gestalt ein magisches Zahlenquadrat abgebildet. Egal, wie man die Zahlen addiert, ergibt sich immer die Summe 34, die Zahl Jupiters. Bashir-Hecht bemerkt dazu:

«Dieses Quadrat hat die Funktion eines Talismans, der gegen den gefährlichen Saturneinfluß wirkt, indem er die entgegengesetzten jovischen Kräfte vermittelt. In der gleichen Richtung soll der Kranz auf dem Haupt der Melancholie wirken, der aus Liebstöckl, einer Jupiterpflanze, besteht, indem er seine heilenden Kräfte gegen den krankhaft melancholischen Zustand entfaltet.»[26]

Wir wissen, daß Dürer sein eigenes Horoskop (mit Saturndominanz!) kannte. Die Kunsthistoriker Panofsky und Saxl kommen bei «Melencolia I» zu dem Schluß: «Es ist das Antlitz des alten Saturn, das uns anblickt; allein, wir haben ein Recht, darin auch Dürers Züge wiederzuerkennen.»[27]

Voll von astrologischen Bezügen war auch die Literatur. Auch wenn wir nicht im Detail wissen, wie Dante, Chaucer und Shakespeare über die Astrologie dachten, so erfahren wir doch durch deren häufige Erwähnung in ihren Werken einiges über die Ansichten des Publikums zu diesem Thema. Wenn z. B. in Shakespeares Stücken von «schlechten Aspekten» die Rede ist, mußte der damalige Hörer eine gewisse astrologische Bildung besessen haben. Manchmal werden sogar bestimmte Winkelstellungen der Planeten (Aspekte) direkt erwähnt, wie z. B. das Quadrat oder die Opposition.[28]

Wie die Astrologie des Volkes beschaffen war, erkennen wir z. B. aus der 1. Szene des 1. Aktes von Shakespeares *Ende gut, alles gut*:

> «Der Krieg hat Euch immer so heruntergebracht,
> daß Ihr notwendig unterm Mars müßt geboren sein,
> als er am Himmel dominierte.»

Jeder Bürger der Renaissance, der etwas auf sich hielt, ließ sich ein Geburtshoroskop erstellen. Das für die Renaissance so wichtige «Erwachen des Individuums» wurde durch die Astrologie aufgegriffen. Auch die Pflege der Antike mit ihrer (exzessiven) Astrologiepraxis steuerte ihren Teil zur allgemeinen Akzeptanz der Astrologie bei. Erst als die Naturwissenschaften sich allmählich durchsetzten, änderten auch die Menschen langsam ihre Einstellung zur Astrologie (ungefähr ab dem 17. Jahrhundert).

Wie der Renaissancemensch mit der Astrologie umging, beschreibt Jacob Burckhardt in seinem bekannten Buch *Die Kultur der Renaissance in Italien.*[29] Was hier über Italien ausgesagt wird, gilt auch – in abgewandelter Form – für viele andere europäische Länder. Burckhardt beschreibt z. B., daß viele Menschen sich völlig auf die Prognosen ihres Horoskops verließen und sich dadurch freiwillig versklavten: ein halbes Leben lang wartete mancher auf nicht eingetroffene Vorhersagen und haderte deshalb mit seinem Schicksal.

Die finanziell weniger gut Gestellten nahmen, wie dies schon im antiken Rom der Fall war, mit astrologischen Taschenkalendern vorlieb. Doch selbst Adlige, die fast immer ihren Hausastrologen hatten, wollten auf diesen ersten Bestseller der Buchdruckerkunst nicht verzichten. In diesen Almanachen wurde sogar vorgeschrieben, bei welcher astrologischen Konstellation der Geschlechtsakt erlaubt war und bei welcher nicht. Daß sich viele Menschen an das Diktat solcher Almanache hielten, wissen wir aus Bevölkerungsstudien.

Bei all diesen Schattenseiten der Astrologie konnte es nicht ausbleiben, daß sich – ebenfalls wie in Rom – die Satiriker des Themas annahmen. Besonders bekannt geworden sind die folgenden Verse aus Sebastian Brandts *Narrenschiff* (1496):

«Viel Praktik und Weissagekunst
Geht jetzt aus der Drucker Kunst;
Die drucken alles, was man bringt…
Was man von Schanden sagt und singt;
Gott läßt es ohne Straf' und Pein'.
Die Welt will ja betrogen sein.»

3. Astronomie und Astrologie

Entgegen unseren Vermutungen waren die Astrologen von der sprichwörtlich gewordenen «kopernikanischen Wende» nicht sonderlich geschockt – ganz im Gegensatz zu den etablierten Wissenschaftlern. Kopernikus (1473–1543) legte sein heliozentrisches Weltbild in dem Werk *De revolutionibus orbium coelestium* nieder. Kurze Vorberichte, die er an bekannte Forscher schickte, stießen auf eisige Ablehnung. Hätte nicht der Kopernikus-Schüler und Astrologe Rheticus seinen Meister ermutigt, so wäre es nicht zu einer Buchveröffentlichung gekommen!

Nachdem das Werk im Todesjahr von Kopernikus herausgekommen war, waren es bezeichnenderweise wieder die Astrologen, die die Ablehnung der Wissenschaft durchbrachen: Der erste gedruckte Hinweis auf das neue Weltbild findet sich in einer astrologischen Prognostik von V. Steinmetz (1522). Auch die Astrologen Junctinus und Johann Richter erwähnten – zum Teil in Universitätsvorlesungen – Kopernikus' Gedanken. Keiner jener Astrologen ahnte, daß in Zukunft das heliozentrische Weltbild zum Hauptargument gegen die Astrologie werden sollte und im 17. Jahrhundert die Astrologie schrittweise aus den Wissenschaften ausgegrenzt werden würde. Für die Astrologen blieb ihre «Wissenschaft» glaubwürdig, weil sie nach wie vor die Lehre von der (optischen) Erscheinungsweise der Dinge war. Vom archetypischen Standpunkt ist es nach wie vor stimmig zu sagen: «Die Sonne geht auf» und nicht: «Die Erde dreht sich um sich selbst, so daß mir die Sonne ins Blickfeld gerät». Wegen solcher archetypischer Bezüge konnte der Mensch die Astrologie nie völlig aufgeben. Wie wir noch sehen werden, haben die neuen wissenschaftlichen Entdeckungen dennoch die Grundfesten der Astrologie erschüttert.

Die meisten Biographen behaupten, Kopernikus habe wohl nicht viel von der Astrologie gehalten. Dem entgegnet Wilhelm Knappich in seiner *Geschichte der Astrologie*: «Er [Kopernikus] hätte wohl nie seinem Freunde Rheticus, dessen astrologische Ansichten er wohl kannte, sein Manuskript anvertraut und die ihm von Rheticus gewidmeten astrologischen Werke angenommen», wenn er tatsächlich ein Astrologiefeind gewesen wäre.[30]

Eindeutig astrologiekritisch eingestellt war hingegen der Astronom Tycho Brahe (1546–1601). In einem Brief an seinen Kollegen Regiomontanus, der auch Astrologe war, wird der Konflikt zwischen den eigenen Überzeugungen und den Erwartungen des Arbeitgebers ziemlich deutlich:

«Hierauf kann ich dir meine freundliche Meinung nicht verbergen, daß ich mich nicht gern mit der Astrologie, der Sterndeutung und den Vorhersagen einlasse, weil darauf nicht viel zu geben ist, sondern allein die Astronomie, welchen den wunderlichen Lauf der Gestirne erforschet, seit einigen Jahren in eine richtige Ordnung zu bringen ich mich bemühte... Da ich aber der Kgl. Majestät, meinem gnädigsten Herrn, jährlich eine astrologische Vorhersage untertänigst zustelle, muß ich mich dem Befehl und Willen seiner Majestät fügen, obwohl ich selbst nicht viel davon halte und mich nicht gern mit solchen zweifelhaften Vorhersagen beschäftige.»[31]

Um so erstaunlicher ist allerdings, daß Brahes astrologische Prognosen oft zutrafen. Er sagte z.B. voraus, daß im Jahre 1592 im schwedischen Herrschaftsgebiet ein Junge geboren werde, der in Zukunft Großes leisten würde und 1632 in einem religiösen Kampf sterben werde. Bis auf die Abweichung von zwei Jahren in bezug auf das Geburtsdatum trifft die Prognose auf Gustav Adolf von Schweden exakt zu.

Auch von Johannes Kepler wird behauptet, er habe die Astrologie nur aus dienstlichen Zwängen und aus finanziellen Nöten heraus betrieben. Dies wird durch die Tatsachen jedoch eindeutig widerlegt. Jenes berühmte Zitat von der Astrologie als «närrisches Töchterlein der Astronomie» wird leider meist aus dem Zusammenhang gerissen. Schon ein oberflächlicher Blick in die Bücher *Über die zuverlässigeren Grundlagen der Astrologie* und vor allem *Warnung an die Gegner der Astrologie* erfaßt rasch Keplers wahre Sicht der Astrologie. So lautet z.B. die These 68 des erstgenannten Werkes:

«Im Hinblick auf das politische Geschehen und auf Kriegsereignisse hat wahrlich der Astrologe ein gewichtes Wort, wenn man das, was ich oben grundlegend über die Sympathie im Geistig-Seelischen ausgeführt habe, mit den Konstellationen am Himmel vergleicht. Sind nämlich starke Aspekte wirksam, ist jede Art von Lebewesen gemäß seiner eigenen Tätigkeits- und Lebensphase seiner Natur entsprechend munter und rege, besonders wenn der Aspekt nach dem Geburtshoroskop das betreffende Individuum sympathisch berührt.»[32]

Als Beleg für das Wirken der Astrologie führt Kepler u. a. im zweiten Werk die heriditären (die Vererbung betreffend) astrologischen Zusammenhänge ins Feld: Die eindeutig erkennbaren Beziehungen zwischen den Horoskopen von Kindern, Eltern und Großeltern können seiner Ansicht nach nicht auf bloßen Zufall zurückzuführen sein. Als Beleg führt Kepler auch Beispiele aus der eigenen Familie an.

Ganz allgemein sieht er den Sinn von *Tertius Interveniens* darin, allen Theologen, Medizinern und Philosophen zu unterbreiten, was er an der Astrologie Positives gefunden habe. Schon im Untertitel dieses Werkes werden die Gegner der Astrologie gemahnt, «bei billiger Verwerfung des sterneguckerischen Aberglaubens nicht das Kinde mit dem Bade auszuschütten»[33].

Kepler versuchte in seinen astrologischen Bemühungen – von den astronomischen kann hier leider nicht die Rede sein – die Astrologie mit Kopernikus' Weltbild zu verknüpfen und sie von allem überflüssigen Ballast zu reinigen. Wolf Dieter Müller-Jahncke schreibt über das oben erwähnte Buch:

«Der *Tertius Interveniens* trägt seinen Titel zu Recht, da er die reformierte Astrologie Keplers als Ausweg aus dem traditionellen astrologischen Dilemma anbietet. Daneben stellt er aber auch eine Streitschrift dar, in der die Astronomie unter Zuhilfenahme der verbesserten Astrologie ihre Wissenschaftlichkeit verteidigt.»[34]

Der Zeitgeist allerdings wandte sich im folgenden zunehmend gegen die Astrologie. Das Meßbare und Wissenschaftliche trat in den Vordergrund. Nachdem man mit Galileis Fernrohr die Mondoberfläche und die Jupitermonde genauestens analysieren konnte, wurde es immer unwahrscheinlicher, daß sich in jenen Regionen Götter und Dämonen aufhielten. Die noch aus der Antike stammende mythische Grundlage der Astrologie wurde auf unsanfte Weise mit jeder neuen Entdeckung und jedem neuen Naturgesetz entzaubert. Daß es sich bei jenen Sterndämonen und Göttern in tiefenpsychologischer Sicht um projizierte Psycheteile handelte, ist erst eine Erkenntnis unserer Zeit.

Obwohl eine Synthese von naturgesetzlichem Denken und magischem Denken im Laufe der Zeit immer unwahrscheinlicher wurde, gelang dieses Kunststück dennoch dem englischen Physiker und Mathematiker Isaac Newton (1643–1727) im 17./18. Jahrhundert. Dieser Forscher, dem wir u. a. das Gravitationsgesetz verdanken, war gleichzeitig Alchimist! Mit Bestürzung nahm man zur Kenntnis, wie hoch der Anteil der alchimistischen Werke an Newtons Gesamtarbeit ist: 1936 wurden in 121 (!) Paketen die Alchimie-Manuskripte Newtons verkauft. Äußerst nachdenklich wird man auch, wenn man erfährt, daß die wissenschaftlichen Entdeckungen nur einen extrem kleinen Prozentsatz seiner Arbeitszeit beanspruchten. In allen Lexika wird jedoch weiterhin der Alchimist Newton schamhaft verschwiegen. Auch unsere «wissenschaftliche» Zeit fällt somit in Praktiken des «primitiven» Denkens zurück.

Wie Newton über die Geburtsastrologie gedacht hat, wissen wir leider nicht. Bekannt ist nur, daß er sich mit astrologischen Werken beschäftigt hat. Berühmtheit erlangte in diesem Zusammenhang Newtons (nachträglich erfundene?) Aussage dem astrologiekritischen Astronomen Halley gegenüber: «Ich habe die Astrologie studiert – Sie nicht!» Bei der Wichtigkeit der astralen Symbolik in der Alchimie dürfen wir vermutlich von einer ernsthaften Beschäftigung Newtons mit der Astrologie ausgehen. Eine Analyse der alchemistischen Traktate dieses «Physikers» könnte hier etwas Licht in das Dunkel bringen.

Lord Keynes, der Entdecker jener «schockierenden» Manuskripte, schrieb treffend über diesen Gelehrten:

«Newton war nicht der erste Mann des Jahrhunderts der Vernunft, er war der letzte des Zeitalters der Magier, der letzte Babylonier und Sumerer, der letzte große Geist, der die Welt des Sichtbaren und des Geistes mit denselben Augen durchdrang wie diejenigen, die vor etwas weniger als zweitausend Jahren begonnen hatten, unser intellektuelles

Erbe zu schaffen... Er betrachtete das Universum als einen Geheimtext, den der Allmächtige hinterlassen hat.»[35]

Newton bestätigt auf eindrucksvolle Weise jene Erkenntnis, die wir schon im Kapitel über Mesopotamien gewonnen haben: Magisches Denken und naturwissenschaftliches Denken sind nicht unbedingt Gegensätze. Verwiesen sei hier nochmals auf den Ausspruch von Claude Lévi-Strauss, der dieses Buch eröffnet hat.

X.

AUSBLICK

Zum Abschluß wollen wir uns mit der Frage nach der «Wahrheit der Astrologie» beschäftigen, und zwar aus der tiefenpsychologischen Perspektive heraus.

C. G. Jung bezeichnete das Horoskop als ein Mandala, eine «Uhr» mit dunklem Mittelpunkt und schließlich als eine linksläufige circumambulatio mit Häusern und Planetenstufen.[1] Ferner schreibt er in *Aion*:

«Das Thema [...] ist in der Tat ein trochos, ein Rad. Der wesentliche Sinn des Horoskops besteht darin, daß es in Form der Planetenpositionen und deren Relationen (Aspekten), sowie deren Verteilung der Zodia auf die Kardinalpunkte in erster Linie ein Bild der psychischen und in zweiter Linie ein Bild der physischen Konstitution entwirft. Das Horoskop stellt also vor allem ein System der ursprünglichen und grundlegenden Charakterbeschaffenheit dar und kann daher als Äquivalent der individuellen Psyche gelten.»[2]

Wie schon häufig in diesem Buch erwähnt, fußt die Astrologie auf dem Versuch der qualitativen Bestimmung von Zeitabschnitten. Zu allen Zeiten und in allen Kulturen war die Ansicht eines qualitativen Zeitbegriffs eine Selbstverständlichkeit. Nur die westliche Wissenschaft glaubt (!), die Zeit sei ein leerer Rahmen, in dem innere und äußere Abläufe stattfinden. Jung schrieb hierzu in einem Brief:

«Die Tatsache, daß die Astrologie doch gültige Resultate liefert, [allerdings nur unter Bedingungen, die wir weiter unten genauer umreißen werden] beweist somit, daß es nicht die anscheinenden Gestirnpositionen sind, welche wirken, sondern die Zeiten, welche durch arbiträr benannte Gestirnspositionen gemessen oder bestimmt werden. Die Zeit erweist sich damit als ein mit Qualitäten erfüllter Ereignisstrom und nicht, wie es unsere Philosophie haben möchte, als eine an sich abstrakte Anschauung oder Bedingung des Erkennens.»[3]

Marie-Louise von Franz betont in diesem Zusammenhang die Funktion der Zahl:

«Der Strom der Ereignisse in der Zeit hat in jedem Moment eine gewisse Qualität. Das wurde früher mit der Astrologie ‹bewiesen›, als man glaubte, daß der Zeitmoment, in dem ein Mensch geboren wurde, dessen Qualität bestimme. So haben die Astrologen die himmlischen Konstellationen angeschaut – alles Projektionen des kollektiven Unbewußten – und haben versucht, daraus die Qualität eines neugeborenen Individuums abzuleiten. Auch wenn das vielleicht für unsere rationalistischen Begriffe überspannt ist, so ist es doch interessant, daß den Zahlen überall auf der Welt [...] immer eine Beziehung zur Zeit zugesprochen wurde.»[4]

Wie zutreffend diese Ansicht ist, konnten wir u. a. in den Kapiteln über die altamerikanische und ägyptische Astrologie feststellen. *Unabhängig* von tatsächlichen Sternenkonstellationen wurden Zeiteinheiten mit Zahl-Bildkombinationen («eins-Jaguar» usw.), bzw. mit den 36 Dekangöttern verknüpft. Auch eine «normale» Horoskopdeutung läßt sich nur mit einer Fülle von Zahlenangaben durchführen. Nach Marie-Louise von Franz ordnen sich nun die Archetypen des kollektiven Unbewußten in der Zeit nach einem gewissen Zeitspiel nacheinander an; sie ist der Überzeugung, daß bestimmte Abläufe vorhanden sind, die eine gewisse Voraussagbarkeit zulassen.[5]

Die Ausführungen von Frau von Franz basieren auf Jungs Synchronizitätstheorie. Danach ist die Synchronizität eine zeitliche Koinzidenz zweier oder mehrerer *nicht kausal* aufeinander beziehbarer Ereignisse gleichen oder ähnlichen Sinngehalts, wie z. B. in Form einer inneren Wahrnehmung mit äußeren Ereignissen. In einem Brief aus dem Jahre 1947 bekannte sich Jung zur Nutzung der Astrologie und ging dabei auch auf die Synchronizität als eine der wichtigsten Grundlagen der Astrologie ein:

«Bei schwierigen psychologischen Diagnosen lasse ich meist ein Horoskop stellen, um einen anderen, neuen Gesichtspunkt zu gewinnen. In vielen Fällen enthielten die astrologischen Angaben eine Erklärung für bestimmte Tatsachen, die ich sonst nicht verstanden hätte. Aus solchen Erfahrungen zog ich den Schluß, daß die Astrologie für den Psychologen von besonderem Interesse sei. Sie beruht auf einer psychischen Erfahrungstatsache, die wir als ‹Projektion› bezeichnen – d. h. es sind sozusagen seelische Inhalte, die wir in den Sternenkonstellationen finden. Ursprünglich entstand daraus die Idee, daß diese Inhalte von den Sternen kämen, während sie doch nur in einer synchronistischen Beziehung zu ihnen stehen. Ich gebe zu, das ist sehr seltsam und wirft ein eigentümliches Licht auf die Struktur des menschlichen Geistes.»[6]

Bei all dem scheint mir jedoch der Hinweis wichtig, daß die Astrologie nur unter bestimmten Bedingungen funktioniert. Nach Frau von Franz ist der Synchronizitätseffekt («Zufallstreffer») ein «Indikator noch nicht bewußt gewordener Inhalte.»[7] Je «virulenter» das Unbewußte ist, desto stärker ist die Chance eines Deutungstreffers. Marie-Louise von Franz hat dies so formuliert:

«Was nicht bewußt systematisiert werden kann, wird heute als ‹Zufall› bezeichnet, mit der Implikation des nicht weiter zu Untersuchenden. Aber gerade dort befindet sich das Einfallstor neuer möglicher Erkenntnisse. Es scheint sich nämlich mehr und mehr zu bestätigen, daß parapsychologische Phänomene besonders häufig in der Umgebung von Individuen stattfinden, *welche vom Unbewußten her gedrängt werden, einen Bewußtseinsfortschritt zu vollziehen* [...] und die Orakeltechniken der Vergangenheit stellen eigentlich Versuche dar, durch Zahlenspiele die psychologische allgemeine Qualität des möglicherweise vom Unbewußten intendierten Inhalts zu erfassen.»[8]

Das Funktionieren der Astrologie ist somit abhängig von der psychischen Umgebung, in der sie ausgeübt wird! Bei dieser Sachlage muß man davon ausgehen, daß die Astrologie nie statistisch bewiesen werden kann – genausowenig wie andere Divinationsmethoden wie z. B. das I Ging. In statistischen «Blindversuchen» fehlt die persönliche psychische Energie, die persönliche Betroffenheit, die die Astrologie zu ihrem Funktionieren unbedingt benötigt. Genau hierin unterscheidet sich die Astrologie z. B. von der Chemie. Was Marie-Louise von Franz im folgenden für die Beziehung zwischen Physik und Tiefenpsychologie sagt, gilt im gleichen Maße für jene von Naturwissenschaft und Astrologie:

«Synchronistische Sinnoffenbarungen sind *nicht experimentell wiederholbar*, und darin liegt m. E. der Grund, weshalb Physik und Tiefenpsychologie nie ganz werden verschmelzen können.»[9]

Immerhin jedoch haben Physiker entdeckt, daß bestimmte Prozesse immer nur bei bestimmten numerischen Verhältnissen ablaufen. Wiederum sei Marie-Louise von Franz zitiert:

«In Frau Maria Göppert-Mayers [Physikerin] spontaner Bezeichnung der dominanten Atomkernzahlen als ‹magic numbers› leuchtet noch etwas von der alten archetypischen Numinosität der Zahl auf, und die Tatsache, daß ihre Entdeckung einem Einfall aus dem Unbewußten entstammt, scheint mir von grundlegender Wichtigkeit, weil damit ad oculos eine Beziehung zwischen dem Unbewußten und den mikrophysikalischen Strukturen demonstriert wird»[10].

Rudolf Carnap hat sogar behauptet, daß der Sinn *jeder* physikalischen Größe darin bestehe, «daß bestimmten physikalischen Objekten bestimmte Zahlen zugeordnet werden sollen»[11]. Erwähnt sei in diesem Zusammenhang die jedem bekannte Tatsache, daß es in der Atomwelt einen ungeheuren Unterschied macht, ob ein Elektron hinzugefügt oder weggenommen wird: Im Atombereich wird Quantität zur Qualität! Für die Mathematik ist dies eine revolutionäre Erkenntnis. Solche strukturbestimmenden Zahlen nennt man in der Atomphysik neuerdings «Verhältniszahlen» (da sie proportionale Relationen ausdrükken). Ernst Anrich hat sich in seinem Buch *Moderne Physik und Tiefenpsychologie* näher mit diesem Thema beschäftigt. Zusammenfassend können wir hier davon ausgehen, daß die Zahlen eine Eigenschaft *sowohl* der Materie *als auch* eine unbewußte Basis unserer geistigen Ordnungsprozesse sind.[12] Auch für Jung war die Zahl die Brücke zwischen Stoff und Psyche.

Nach all diesen theoretischen Ausführungen wollen wir das Buch ausklingen lassen mit einem praktischen Beispiel für den archetypischen Gehalt der astrologischen Symbolik.

Der Mond und das Tierkreiszeichen Krebs entsprechen in der Astrologie dem Urbild der Mutter (vgl. Kap. I.3.). Horoskope, die eine Dominanz dieses Prinzips aufweisen, können deshalb auf die Verhaftung an die Welt des Mütterlichen hindeuten. Eine von Jungs Klientinnen hatte nun wegen einer Mutterübertragung auf eine ältere Freundin, von der sie sich nicht lösen konnte, den folgenden Traum:

«Sie [die Patientin] ist im Begriff, einen breiten Bach zu überschreiten. Es ist keine Brücke da. Sie findet aber eine Stelle, wo sie ihn überschreiten kann. Wie sie eben im Begriffe ist, es zu tun, faßt sie ein großer Krebs, der im Wasser verborgen lag, am Fuß und läßt sie nicht mehr los.»[13]

Dieser negativen, festhaltenden Seite des Krebs-Prinzips begegnen wir auch im Mythos des Herakles, der ebenfalls ein (Stief)Mutterproblem hatte. Beim Kampf gegen die Hydra schickte ihm Hera einen Krebs, der ihn von hinten in die Ferse biß! Als Herakles ihn zertrat, blieb Hera nichts anderes übrig, als diesen als Sternbild Krebs an den Himmel zu versetzen.

Weitere Beispiele für eine archetypische Sichtweise der Astrologie habe ich an anderer Stelle gegeben.[14] Es ist m. E. nicht abzustreiten, daß die Kenntnis der mit der Astrologie verknüpften Mythen in der Praxis einigen Erkenntniswert haben kann. Für den obigen Fall gilt dies selbstverständlich auch dann, wenn die Klientin keine Mond-Krebs-Dominanz in ihrem Horoskop aufweisen sollte! Falls diese Dominante tatsächlich vorlag – was wir leider nicht wissen – wäre dies ein Beispiel für einen mit der Astrologie verbundenen Synchronizitätseffekt. Doch auch ohne solche Effekte hat uns eine archetypisch orientierte Astrologie ihre Wahrheit mitzuteilen.[15]

Anmerkungen

EINFÜHRUNG

1 Es ist bezeichnend, daß der heutige Stand der historischen Astrologieforschung im wesentlichen immer noch repräsentiert wird durch Untersuchungen aus dem ersten Drittel unseres Jahrhunderts (Bezold, Boll, Bouché-Leclerq (noch 19. Jahrhundert), Cumont, Gundel, Jeremias, Nilsson, Thorndike, Warburg, Zinner u. a.). Deutlicher lassen sich die Berührungsängste des Wissenschaftsbetriebs gegenüber der Astrologie nicht darstellen. Ein Wissenschaftler unserer Tage, Henri Stierlin, schrieb treffend: «Da leugnet man nämlich des öfteren lieber die Fakten, als zuzugeben, welche Rolle die Astrologie [...] gespielt hat. Dies zeugt eher von religiösem Dogmatismus als von einer wirklich wissenschaftlichen Haltung.» Henri Stierlin, Astrologie und Herrschaft, Frankfurt 1988, S. 19.

2 Franz Boll und Carl Bezold, Sternglaube und Sterndeutung – Die Geschichte und das Wesen der Astrologie, Leipzig und Berlin 1919, S. 72/73.

I. HIMMEL UND MENSCH

1 Der Ausdruck wird nicht in einer wertenden Bedeutung benutzt, sondern im Sinn von «ursprünglich».

2 Bei den folgenden Ausführungen stütze ich mich im wesentlichen auf Mircea Eliade, Die Religionen und das Heilige – Elemente einer Religionsgeschichte, Frankfurt 1989, S. 65 ff.

3 Ebenda S. 67, Hervorhebungen durch M. Eliade.

4 R. Pettazoni, Dio, Rom 1922, Bd. I, S. 310.

5 A. C. Hollis, The Masai, Oxford 1905, S. 264, beschrieben nach Eliade, a. a. O., S. 73 f.

6 Ernst Zinner, Sternglaube und Sternforschung, Freiburg 1953, S. 37.

7 Julius Schwabe, Archetyp und Tierkreis – Grundlagen einer kosmischen Symbolik und Mythologie, Basel 1951, S. LVI.

8 Mircea Eliade, a. a. O., S. 93.

9 Die antike Bezeichnung von Sonne und Mond als «Planeten» wird hier der Einfachheit halber beibehalten.

10 Eliade, a.a.O., S. 138.
11 Historische Beispiele finden sich in einem Sonderdruck: Hans Georg Gundel, Zodiakus – Der Tierkreis in der antiken Kunst und Literatur, in: Pauly's Realencyclopädie der classischen Altertumswissenschaften, Band X A, München 1972, S. 574 ff.
12 Wilhelm Gundel, Sternglaube, Sternreligion und Sternorakel – aus der Geschichte der Astrologie, Heidelberg 1959, S. 58.
13 Ebenda, S. 43.
14 Platon, Staat 508, b, c.
15 Die Samojeden sehen in Sonne und Mond die Augen ihres höchsten Gottes Num.
16 Eliade, a.a.O., S. 162.
17 Ernst Zinner, Geschichte der Sternkunde, Berlin 1921, S. 172.
18 Eine Ausnahme machen hier die Anhänger der Sekte der Rotmützen und solche der Bön-Religion. Interessanterweise wird beiden zuweilen eine Praxis der «Schwarzen Magie» nachgesagt!
19 Zinner, Sternglaube und Sternforschung, a.a.O., S. 6.
20 Carl Gustav Jung, Symbole der Wandlung, GW 5, Olten 1988, S. 119.
21 Alfred Herman/Wolf Schwan, Ägyptische Kleinkunst, Berlin 1940, S. 82.
22 Martin Buber (Hg.), Ekstatische Konfessionen, Jena, 1905, S. 51, zitiert nach Thomas Schäfer, Archetypen in der Astrologie, in: Meridian Nr. 5/1991, S. 41.
23 Jung, Symbole der Wandlung, a.a.O., S. 158.
24 Eliade, a.a.O., S. 149.
25 Ebenda, S. 79.
26 Wilhelm Gundel, a.a.O., S. 41.
27 Egon Friedell, Kulturgeschichte Ägyptens und des Alten Orients, München 1990, S. 253.
28 Eliade, a.a.O., S. 183 ff.
29 G. Furlani, La religione babilonese-assira, Bologna 1928, Bd. I, S. 155, zitiert nach Eliade, a.a.O., S. 183.
30 Der große Duden – Etymologie – Bd. 7, Mannheim-Zürich 1963, S. 446/447.
31 Penelope Shuttle/Peter Redgrove, Die weise Wunde Menstruation, Frankfurt 1989, S. 160.
32 Eliade, a.a.O., S. 211 ff.
33 Die Märchen der Brüder Grimm, KHM 179, München 1989.
34 Heinrich Marzell, Heimische Pflanzenwelt, Leipzig 1922, S. 60.
35 Eliade, a.a.O., S. 186, Hervorhebung durch M. Eliade.
36 Peter Dinzelbacher, An der Schwelle zum Jenseits – Sterbevisionen im interkulturellen Vergleich, Freiburg 1989, S. 48 und 64.

37 Alfons Rosenberg, Zeichen am Himmel – Das Weltbild der Astrologie, Zürich 1949, S. 30.
38 Wilhelm Gundel, a. a. O., S. 25 f.
39 Erich von Beckerath, Geheimsprache der Bilder – Die astrologische Lehre und ihre Symbolik in der Bildenden Kunst, Wien 1984, S. 37, zeigt einige Abbildungen römischer Münzen, auf denen auch die Tierkreissymbole zu sehen sind.
40 Marie-Louise von Franz, Traum und Tod – Was uns die Träume Sterbender sagen, München 1990, S. 162.
41 Wilhelm Gundel, a. a. O., S. 29.
42 Ebenda, S. 35 und 36.
43 Die Zusammenhänge zwischen Tierkreiszeichen, Tierkreisbildern und Sternbildern werden wir im Anschluß an dieses Kapitel behandeln.
44 Thomas Schäfer, Bildsprache Astrologie, Wettswil 1991, S. 105.
45 Wilhelm Gundel, a. a. O., S. 37 ff.
46 Schäfer, a. a. O., S. 147.
47 Varaha Mihira, Das große Buch der Nativitätslehre, Hamburg 1925, S. 159 und Wilhelm Gundel, a. a. O., S. 39.
48 Wilhelm Gundel, a. a. O., S. 40.
49 Thomas Schäfer, Archetypen in der Astrologie, in: «Meridian», 5/1991, S. 38.
50 Wilhelm Gundel, a. a. O., S. 16
51 Albert Schott/Robert Böker, Aratos – Sternbilder und Wetterzeichen, München 1958, S. 13.
52 Hans Georg Gundel, a. a. O., S. 493.
53 Carl Gustav Jung/Karl Kerenyi, Einführung in das Wesen der Mythologie, Zürich 1951, S. 113 und 231.
54 Franz Boll/Carl Bezold/Wilhelm Gundel, Sternglaube und Sterndeutung – Die Geschichte und das Wesen der Astrologie, Darmstadt 1966, S. 76.
55 Ebenda S. 131. Völlig unverständlich ist bei dieser Sachlage, daß Geißler in seiner astrologiegeschichtlichen Untersuchung behaupten kann, Origines hätte die Astrologie gegen das Präzessionsargument in Schutz genommen. Vgl. Horst Wolfram Geißler, Astrologie – Geschichte, Entwicklung, Deutung, Zürich 1982, S. 160.
56 Hans Georg Gundel, a. a. O., S. 498.
57 Carl Gustav Jung, Seminare Traumanalyse – Nach Aufzeichnungen des Seminars 1928–1930, Olten 1991, S. 451 – Angemerkt werden muß hier, daß die Sonne im Zeichen Krebs ihren höchsten Stand erreicht, nicht im Löwen. Wegen der noch vom Winter wirkenden Abkühlung der Winde durch das Meer ist jedoch tatsächlich die Löwe-Zeit – das dem Krebs folgende Zeichen – die heißeste Zeit des Jahres.
58 Ebenda, S. 458/9.

59 Ebenda, S. 470.
60 In Verbindung mit dem lateinischen «accidens» gebraucht.
61 Jung, Seminare Traumanalyse, a. a. O., S. 472.

II. MESOPOTAMIEN

1 Franz Boll/Carl Bezold/Wilhelm Gundel, Sternglaube und Sterndeutung – Die Geschichte und das Wesen der Astrologie, Darmstadt 1966, S. 8.
2 Vgl. Egon Friedell, Kulturgeschichte Ägyptens und des Alten Orients, München 1990, S. 226 und Mircea Eliade, Die Religionen und das Heilige – Elemente der Religionsgeschichte, Frankfurt 1989, S. 94.
3 Ernst Zinner, Sternglaube und Sternforschung, Freiburg 1953, S. 38.
4 Jürgen Blunck, Götter in Planeten und Monden, Frankfurt 1987, S. 12.
5 Friedell, a. a. O., S. 242.
6 Derek und Julia Parker, Astrologie – Ursprung, Geschichte, Symbolik, München 1988.
7 Boll/Bezold/Gundel, a. a. O., S. 7. Die erste Hervorhebung stammt vom Autor, die zweite von Boll/Bezold.
8 Hans Kaletsch, Tag und Jahr – Die Geschichte unseres Kalenders, Zürich und Stuttgart 1970, S. 47.
9 Friedell, a. a. O., S. 219.
10 Ebenda, S. 256.
11 Jack Lindsay, Origins of Astrology, London 1972, S. 2 – übersetzt vom Autor.
12 Ebenda, S. 2/3.
13 Wilhelm Knappich, Geschichte der Astrologie, Frankfurt 1967, S. 36.
14 Sandra Shulmann, Geschichte der Astrologie – Von der Antike bis zur Gegenwart, Eltville 1976, S. 26.
15 Friedell, a. a. O., S. 268.
16 Lindsay, a. a. O., S. 10.
17 Vgl. das Kapitel I.2. Sonne S. 23 f.
18 Lindsay, a. a. O., S. 19.
19 Ebenda, S. 24.
20 Ebenda, S. 26.
21 Friedell, a. a. O., S. 257.
22 Lindsay, a. a. O., S. 42 – übersetzt vom Autor.
23 Boll/Bezold/Gundel, a. a. O., S. 4 und 11.
24 Erst später wurde die Ekliptik mit den zwölf Tierkreiszeichen verbunden.
25 Boll/Bezold/Gundel, a. a. O., S. 2.
26 Joachim Herrmann, Das falsche Weltbild – Astronomie und Aberglaube, München 1973, S. 25.

27 Boll/Bezold/Gundel, a. a. O., S. 5.
28 Alfons Rosenberg, Zeichen am Himmel, Zürich 1949, S. 20.
29 Zinner, a. a. O., S. 40.
30 Boll/Bezold/Gundel, a. a. O., S. 6.
31 Die mythologischen Bezüge von Hermes/Merkur und auch von den anderen Planetengöttern finden sich in Thomas Schäfer, Bildersprache Astrologie, Wettswil 1991.
32 Boll/Bezold/Gundel, a. a. O., S. 5/6.
33 Jürgen Blunck, Götter in Planeten und Monden, Frankfurt 1987, S. 13.
34 Rudolf Wendorff, Zeit und Kultur, Opladen 1980, S. 18.
35 Kaletsch, a. a. O., S. 39 f.
36 Friedell, a. a. O., S. 268.
37 Der Vollständigkeit halber muß hier noch erwähnt werden, daß es zwei Altertumsforscher gibt, Bartel Leendert van der Waerden und Ernst Weidner, die die Erfindung der Tierkreiszeichen wesentlich früher ansetzen (zwischen 800–1000 v. Chr.). In der wissenschaftlichen Diskussion geht man jedoch von den hier gegebenen Zahlen (4.–5. Jahrhundert v. Chr.) aus, manchmal sogar von noch späteren (200 v. Chr.). Vgl.: Bartel Leendert van der Waerden, History of the zodiac, *in*: Archiv für Orientforschung, 16. Jahrgang, Graz 1952, S. 129 ff. und 216 ff. Ernst Weidner, Handbuch der babylonischen Astronomie, I. Band, Leipzig 1915 und derselbe, Der Tierkreis und die Wege am Himmel, *in*: Archiv für Orientforschung, 7. Jahrgang, Berlin 1931, S. 170 ff.
38 Wilhelm Knappich, Geschichte der Astrologie, Frankfurt 1967, S. 40.
39 Carl Gustav Jung, Seminare Traumanalyse – Nach Aufzeichnungen des Seminars 1928–1930, Olten 1991, S. 453.
40 Nicht publizierte Notiz aus dem Archiv von Dr. Moufang.
41 Vgl. die Aussagen von C. G. Jung in Kapitel I.5 «Sternbilder und Tierkreiszeichen» S. 42 f.
42 Hans Georg Gundel, Zodiakus – Der Tierkreis in der antiken Literatur und Kunst, Sonderdruck aus Pauly's Realencyclopädie der classischen Altertumswissenschaften, Band X A, München 1972, S. 472.
43 Jung, a. a. O., S. 452.
44 Vgl. Kap. I.5. Anm. 57.
45 Herrmann, a. a. O., S. 21.
46 Arthur Drews, Astralmythologie, *in*: Süddeutsche Monatshefte, 24. Jahrgang, Heft 9, München 1927, S. 156.
47 Otto von Bressensdorf, Bedeutung und Entstehung der Tierkreissymbole, Aalen 1951, S. 12.
48 Herrmann, a. a. O., S. 21.
49 Lindsay, a. a. O., S. 42.
50 Knappich, a. a. O., S. 41.

51 Ernst Wilhelm Eschmann, Die Rückkehr aus der Zukunft, in: Frankfurter Allgemeine Zeitung vom 4. 10. 1975.
52 Friedell, a. a. O., S. 268.
53 Parker, a. a. O., S. 45.
54 Lindsay, a. a. O., S. 50 – übersetzt vom Autor.
55 Ebenda S. 50 und Knappich, a. a. O., S. 42.
56 Lindsay, a. a. O., S. 50.

III. AMERIKA

1 Derek und Julia Parker, Astrologie – Ursprung, Geschichte, Symbolik, München 1988, S. 31.
2 dtv-Atlas zur Weltgeschichte, Bd. I, München 1975, S. 222.
3 Diese vier Tierkreiszeichen bilden in der Astrologie das sogenannte «fixe Kreuz».
4 C. H. de Goje, «Philosophy, Initiation and Myths of the Indians of Guyana and adjacent countries, Leiden 1943, S. 222.
5 Sandra Shulmann, Geschichte der Astrologie, Eltville 1978, S. 64.
6 Manfred Lurker, Lexikon der Götter und Dämonen, Stuttgart 1989, S. 340 ff. und Nigel Davies, Die Azteken – Meister der Staatskunst, Schöpfer hoher Kultur, Reinbek 1976, S. 325 ff.
7 Lurker, a. a. O., S. 608.
8 Vgl. Shulmann, a. a. O., S. 65 und Wilhelm Knappich, Geschichte der Astrologie, Frankfurt 1967, S. 24.
9 Für die folgenden Angaben vgl. Knappich, a. a. O., S. 25 ff. und Franz Graebner, Alt- und neuweltliche Kalender, in: Zeitschrift für Ethnologie, Berlin 1920/21, Nr. 52, S. 5 ff.
10 Shulmann, a. a. O., S. 65.

IV. CHINA

1 J. J. M. de Groot, Universismus, Berlin 1918, S. 341.
2 Richard Wilhelm, Geschichte der chinesischen Kultur, München 1928, S. 48, zitiert nach Ernst Zinner, Sternglaube und Sternforschung, Freiburg 1953, S. 50.
3 Lily Abegg, Ostasien denkt anders, Zürich 1949, S. 122 f.
4 Sandra Shulman, Geschichte der Astrologie, Eltville 1976, S. 48.
5 Ebenda, S. 46.
6 Hans Georg Gundel, Zodiakus – Der Tierkreis in der antiken Kunst und

Kultur, *in*: Pauly's Realencyclopädie der classischen Altertumswissenschaft, Band X A, München 1972, S. 516.
7 Wilhelm Knappich, Geschichte der Astrologie, Frankfurt 1967, S. 19.
8 Franz Boll, Sphaera, Leipzig 1903, S. 327.
9 Shulman, a. a. O., S. 49.
10 Abegg, a. a. O., S. 123.
11 Shulman, a. a. O., S. 53.
12 Zinner, a. a. O., S. 54.
13 Louis le Comte, Nouveaux Mémoires sur l'état présente de la chine, Amsterdam 1698, S. 102, zitiert nach der Übersetzung von Zinner, a. a. O., S. 55.
14 Frederik Troels-Lund, Himmelsbild und Weltanschauung im Wandel der Zeiten, Leipzig 1908, S. 57.
15 Zinner, a. a. O., S. 77.
16 Abegg, a. a. O., S. 127.

V. INDIEN

1 Hans Georg Gundel, Zodiakos – Der Tierkreis in der antiken Literatur und Kunst, in: Pauly's Realencyclopädie der classischen Altertumswissenschaften, Band X A, München 1972, S. 512.
2 Helmuth von Glasenapp, Die Religionen Indiens, Stuttgart 1943, S. 53 und Wilhelm Knappich, Geschichte der Astrologie, Frankfurt 1967, S. 121.
3 Helmuth von Glasenapp (Hg.), Indische Geisteswelt, Bd. I., Baden-Baden 1959, S. 181.
4 Varaha Mihira, Das große Buch der Nativitätslehre (Brihat Jataka), Hamburg 1925, S. 9.
5 Ebenda, S. 9/10.
6 Glasenapp (Hrg.), Indische Geisteswelt, a. a. O., S. 180.
7 John Dowson, Hindu Mythology and Religion, Calcutta 1987, S. 252 f. und Anneliese und Peter Keilhauer, Die Bildsprache des Hinduismus – Die indische Götterwelt und ihre Symbolik, Köln 1986, S. 233.
8 Dies sind nach bestimmten Systemen gedrittelte Erdraumquadranten. In Indien heißen die zwölf Felder «bhavas»; sie beginnen am Aszendenten, dem Schnittpunkt von Ekliptik und Horizont im Ostpunkt. Die inhaltliche Bedeutung der indischen Häuser entspricht zum großen Teil der antiken Lehre.
9 Sandra Shulmann, Geschichte der Astrologie – Von der Antike bis zur Gegenwart, Eltville 1978, S. 60.
10 Ebenda, S. 58
11 Von Versicherungshoroskopen und chinesischen Himmelspolicen, *in*: Lebensblätter, Zeitschrift von Allianz und Lebensversicherungsgesellschaft Stuttgart,

Nr. 40, 20. Jg., Dezember 1938, zitiert nach Horst Wolfram Geißler, Astrologie – Geschichte, Entwicklung, Bedeutung, Zürich 1982, S. 259/260.

12 Nach folgenden Quellen des «Jatakam» (Nr. 92) nacherzählt und bearbeitet: E. W. Cowell (Hg.), The Jataka or Stories of the Buddhas Former Births, Vol. I–VI, Cambridge 1895–1907 und Julius Dutoit, Jatakam, Das Buch der Erzählungen aus früheren Existenzen Buddhas, 7 Bde., Leipzig 1908–1921.

VI. ÄGYPTEN

1 Ein Teil dieses Kapitels geht auf private Notizen von Dr. Wilhelm Moufang zurück, die er mir hinterlassen hat.

2 Wilhelm Gundel, Der Ursprung der Astrologie, in: Süddeutsche Monatshefte, 24. Jg., 9. Heft, Juni 1927, S. 154.

3 Hans Georg Gundel, Zodiakus – Der Tierkreis in der antiken Literatur und Kunst, in: Pauly's Realencyclopädie der classischen Altertumswissenschaft Band X A, München 1972, S. 505.

4 Ebenda, S. 505.

5 Vgl. Will-Erich Peuckert, Astrologie, Stuttgart 1960.

6 Vgl. Wilhelm Knappich, Geschichte der Astrologie, Frankfurt 1967, S. 15.

7 Ebenda, S. 16.

8 Wilhelm Gundel und Hans Georg Gundel, Astrologumena – Die Astrologische Literatur in der Antike und ihre Geschichte, Beiheft Nr. 6 von Sudhoffs Archiv, Vierteljahresschrift für Geschichte der Medizin und der Naturwissenschaften, der Pharmazie und der Mathematik, Wiesbaden 1966, S. 11 ff.

9 Julia und Derek Parker, Astrologie – Ursprung, Geschichte, Symbolik, München 1988, S. 58.

10 Franz Boll/Carl Bezold/Wilhelm Gundel, Sternglaube und Sterndeutung – Die Geschichte und das Wesen der Astrologie, Darmstadt 1966, S. 24.

11 Wilhelm und Hans Georg Gundel, a. a. O., S. 33.

VII. GRIECHENLAND

1 Albert Schott, Aratos – Sternbilder und Wetterzeichen, München 1958, S. 15.

2 Will-Erich Peuckert, Astrologie, Stuttgart 1960, S. 105.

3 Wilhelm Gundel, Sternglaube, Sternreligion und Sternorakel – Aus der Geschichte der Astrologie, Heidelberg 1959, S. 69/70.

4 Nikolaus von Sementowsky-Kurilo, Der Mensch griff nach den Sternen – Astrologie in der Geschichte des Abendlandes, Zürich und Stuttgart 1970, S. 46 f.

5 Alfons Rosenberg, Zeichen am Himmel – Das Weltbild der Astrologie, Zürich 1949, S. 25.
6 Ebenda, S. 26.
7 Franz Boll/Carl Bezold/Wilhelm Gundel, Sternglaube und Sterndeutung – Die Geschichte und das Wesen der Astrologie, Darmstadt 1966, S. 19.
8 Marie-Louise von Franz, Psyche und Materie, Einsiedeln 1988, S. 82.
9 Ebenda, S. 84 f.
10 Carl Gustav Jung, Symbole der Wandlung – Analyse des Vorspiels zu einer Schizophrenie, Olten 1988, S. 360 f.
11 Platon, Timaios, 37 C. D. – zitiert nach Marie-Louise von Franz, a. a. O., S. 102.
12 Marie-Louise von Franz, a. a. O., S. 102.
13 Wilhelm Gundel und Hans Georg Gundel, Astrologumena – Die astrologische Literatur in der Antike und ihre Geschichte, Beiheft 6 von Sudhoffs Archiv – Vierteljahresschrift für Geschichte der Medizin und der Naturwissenschaften, der Pharmazie und der Mathematik, Wiesbaden 1966, S. 61.
14 Ebenda, S. 79.
15 Ebenda, S. 80.
16 Boll/Bezold/Gundel, a. a. O., S. 91.
17 Gemeint ist hier der Tierkreis der Fixsternbilder.
18 Wilhelm Gundel und Hans Georg Gundel, a. a. O., S. 87.
19 Warum dieses Zeichen ein Luft- und kein Wasserzeichen ist, habe ich beschrieben im Kapitel «Wassermann» in: Thomas Schäfer, Bildersprache Astrologie, Wettswil 1991.
20 Henri Stierlin, Astrologie und Herrschaft – Von Platon bis Newton, Frankfurt 1988, S. 20.
21 Wilhelm Gundel, Sternglaube, Sternreligion und Sternorakel – Aus der Geschichte der Astrologie, Heidelberg 1959, S. 72
22 Die Planetenbahnen erklärte Eudoxons durch «Schalen», welche die Erde umgeben und an denen Sonne, Mond und Planeten «befestigt» sind.
23 Auch Anaxagoras und Demokrit wurde diese Tat schon zugesprochen.
24 Julia und Derek Parker, Astrologie – Ursprung, Geschichte, Symbolik, München 1988, S. 63.
25 Wilhelm Gundel, a. a. O., S. 93.
26 Schäfer, a. a. O., und meinen Aufsatz: Archetypen in der Astrologie, in: Meridian – Fachzeitschrift für alle Gebiete der Astrologie, Teil I in Heft Nr. 5/1991, S. 37 ff. und Teil II in Heft Nr. 6/1991, S. 37 ff.
27 Schott, a. a. O., S. 42.
28 Sandra Shulman, Astrologie – von der Antike bis zur Gegenwart, Eltville 1978, S. 34.
29 Wilhelm Gundel und Hans Georg Gundel, a. a. O., S. 109.

30 Henri Stierlin, a. a. O., S. 90.
31 Peuckert, a. a. O., S. 89.
32 Harald Wiesendanger, Der Streit ums Horoskop, Freiburg 1990.
33 Vgl. Wilhelm Gundel und Hans Georg Gundel, a. a. O., S. 100.

VIII. ROM

1 Henri Stierlin, Astrologie und Herrschaft, Frankfurt 1988.
2 Ebenda S. 200 f.
3 Sandra Shulman, Astrologie – Von der Antike bis zur Gegenwart, Eltville 1978, S. 44.
4 Stierlin, a. a. O., S. 136.
5 Julia und Derek Parker, Astrologie – Ursprung, Geschichte, Symbolik, München 1988, S. 107.
6 Auch in dieser Frage ist man sich nicht einig. Kontroverse Ansichten vertreten z. B. Wilhelm Knappich und Nikolaus von Sementowsky-Kurilo.
7 Parker, a. a. O., S. 117 und Shulman, a. a. O., S. 44.
8 Wilhelm Knappich, Geschichte der Astrologie, Frankfurt 1967, S. 88.
9 Carl Gustav Jung, Seminare – Traumanalyse – Nach Aufzeichnungen des Seminars 1928–1930, Olten 1991, S. 648.
10 Wilhelm Gundel, Sternglaube, Sternreligion und Sternorakel – Aus der Geschichte der Astrologie, Heidelberg 1959, S. 64 – Hervorhebung durch W. Gundel.
11 Parker, a. a. O., S. 127.
12 Jack Lindsay, Origins of Astrology, London 1971, S. 294.
13 Ebenda S. 294/295.
14 Frederick H. Cramer, Astrology in Roman Law and Politics, Philadelphia 1954.
15 Hans Georg Gundel, Astrologumena – Die astrologische Literatur in der Antike und ihre Geschichte, Beiheft 6 von Sudhoffs Archiv – Vierteljahresschrift für Geschichte der Medizin und der Naturwissenschaften, der Pharmazie und der Mathematik, Wiesbaden 1966, S. 178, vgl. auch Stierlin, a. a. O., S. 197.
16 Hans Georg Gundel, a. a. O., S. 283.
17 Nikolaus von Sementowsky-Kurilo, Der Mensch griff nach den Sternen – Astrologie in der Geschichte des Abendlandes, Zürich 1970, S. 215.
18 Hans Georg Gundel, a. a. O., S. 284 und Knappich, a. a. O., S. 100.
19 Die vier Bücher des Claudius Ptolemaeus, übertragen aus dem griechischen Original von Dr. Wilhelm Matthiessen und Wuld Haidyl, Den Haag o. J., S. 3.

20 Ebenda, S. 53.
21 Ernst Zinner, Sternglaube, Sternreligion und Sternorakel – Aus der Geschichte der Astrologie, Heidelberg 1959, S. 80.
22 «Male coniecta maleque interpretata falsa sunt, non rerum vitio, sed interpretum inscientia.» Zitiert nach Hans Georg Gundel, a. a. O., S. 125.
23 Ebenda.
24 Zitiert nach Parker, a. a. O., S. 98 – vgl. auch Hans Georg Gundel, a. a. O., S. 122.
25 Zitiert nach Zinner, a. a. O., S. 81.
26 Parker, a. a. O., S. 101.
27 Hans Georg Gundel, a. a. O., S. 190.
28 Fritz Riemann, Lebenshilfe Astrologie, München 1982, S. 35.
29 Hans Georg Gundel, a. a. O., S. 306.
30 Ebenda, S. 307.
31 Pierre Grimal, Mythen der Völker, Band 2, Frankfurt 1967, S. 42.
32 Sonne und Mond zählten damals zu den Planeten.
33 Hans Georg Gundel, a. a. O., S. 308.
34 Stierlin, a. a. O., S. 44.
35 Knappich, a. a. O., S. 103.
36 Grimal, a. a. O., S. 48.
37 Alfons Rosenberg, Zeichen am Himmel – Das Weltbild der Astrologie, Zürich 1949, S. 42.

IX. MITTELALTER UND RENAISSANCE

1 Don Cameron Allen, The star-crossed Renaissance, New York 1966, zitiert nach Julia und Derek Parker, Astrologie – Ursprung, Geschichte, Symbolik, München 1988, S. 219.
2 Neben den Büchern von Knappich, Müller-Jahncke, Parker, Shulman, Stierlin und Strauß (s. Literaturverzeichnis) seien hier besonders erwähnt: Gustav Braunsperger, Beiträge zur Geschichte der Astrologie der Blütezeit vom 15. bis zum 17. Jahrhundert, München 1928/Jacob Burckhardt, Die Kultur der Renaissance in Italien, Stuttgart 1938/Ernst Cassirer, Individuum und Kosmos in der Philosophie der Renaissance, Darmstadt 1969/Ewa Chojecka, Astronomische und astrologische Darstellungen und Deutungen bei kunsthistorischer Betrachtung alter wissenschaftlicher Illustrationen des 15. bis 18. Jahrhunderts, Berlin 1967/Johann Friedrich, Astrologie und Reformation, München 1864/Anton Hauber, Planetenkinderbilder und Sternbilder, Straßburg 1916/Lynn Thorndike, A History of magic and experimental Science, 8 Bde., New York und London 1923–1958.

3 Ernst Zinner, Sternglaube und Sternforschung, Freiburg 1953, S. 99.
4 Joachim Herrmann, Das falsche Weltbild – Astronomie und Aberglaube, München 1973, S. 64.
5 Julia und Derek Parker, Astrologie – Ursprung, Geschichte, Symbolik, München 1988, S. 250.
6 Wilhelm Knappich, Geschichte der Astrologie, Frankfurt 1967, S. 206.
7 Ebenda, S. 170.
8 Alfons Rosenberg, Zeichen am Himmel – Das Weltbild der Astrologie, Zürich 1949, S. 60.
9 Heinz Arthur Strauss, Der astrologische Gedanke in der deutschen Vergangenheit, München und Berlin 1926, S. 37/38.
10 Nikolaus von Sementowsky-Kurilo, Der Mensch griff nach den Sternen – Astrologie in der Geistesgeschichte des Abendlandes, Zürich und Stuttgart 1970, S. 196/197.
11 Franz Boll/Carl Bezold/Wilhelm Gundel, Sternglaube und Sterndeutung – Die Geschichte und das Wesen der Astrologie, Darmstadt 1966, S. 34 (Hervorhebung durch die Autoren).
12 Ebenda, S. 72.
13 Knappich, a. a. O., S. 228.
14 Horst Wolfram Geißler, Astrologie – Geschichte, Entwicklung, Bedeutung, Zürich 1982, S. 114.
15 Tommaso Campanella, Der Sonnenstaat, in: Der utopische Staat, Reinbek 1986, S. 154.
16 Parker, a. a. O., S. 199.
17 Erich von Beckerath, Geheimsprache der Bilder – Die astrologische Lehre und ihre Symbolik in der bildenden Kunst, Wien 1984.
18 Die Abbildungen finden sich bei Beckerath, a. a. O., S. 177 ff.
19 Carl Gustav Jung, Seminare – Traumanalyse – Nach Aufzeichnungen des Seminars 1928–1930, Olten 1991, S. 472. Intensiv beschäftigt hat sich mit diesem Thema Julius Schwabe, Archetyp und Tierkreis, Basel 1951.
20 Eine vollständige Darstellung findet sich bei Beckerath, a. a. O., S. 55 ff.
21 K. Lange und F. Fuhse, Dürers schriftlicher Nachlaß, Halle 1893, S. 283.
22 Herma Bashir-Hecht, Der Mensch als Pilger – Albrecht Dürer und die Esoterik der Akademien seiner Zeit, Stuttgart 1985, S. 68 und 69 mit den beiden Abbildungen.
23 Hans Rupprich, Dürer – Schriftlicher Nachlaß, 2 Bde. Berlin 1956 und 1966, hier: Bd. 2, S. 98.
24 Vgl. Thomas Schäfer, Bildersprache Astrologie, Wettswil 1991, das Kapitel «Saturn».
25 Boll/Bezold/Gundel, a. a. O., S. 38.
26 Bashir-Hecht, a. a. O., S. 132.

27 E. Panofsky und F. Saxl, Melencolia I, Leipzig 1923, zitiert nach Erich von Beckerath, Der deutsche Kupferstich B 79, München 1973, S. 24.
28 Für die Tabellen der Aspekte und die Bedeutung anderer Deutungselemente vgl. Thomas Schäfer, Astrologische Charakterskizzen, München 1988, Anhang.
29 Jacob Burckhardt, Die Kultur der Renaissance in Italien, Stuttgart 1938.
30 Knappich, a. a. O., S. 210.
31 J. L. E. Dreyer, Tycho Brahe, Karlsruhe 1894, S. 410.
32 Johannes Kepler, Über die zuverlässigeren Grundlagen der Astrologie – De fundamentis astrologiae certioribus, 1602, Kassel 1975.
33 Das Faksimile-Titelblatt findet sich in: Johannes Kepler, Warnung an die Gegner der Astrologie – Tertius Interveniens, München 1971, S. 15. Vgl. auch die ausgezeichnete Arbeit von Sigrid Strauß-Kloebe/Heinz Arthur Strauß, Die Astrologie des Johannes Kepler – Eine Auswahl aus seinen Schriften, München und Berlin 1926. Der *Tertius Interveniens* befindet sich auf S. 119 ff. (in Auszügen).
34 Wolf Dieter Müller-Jahncke, Astrologisch-Magische Theorie und Praxis in der Heilkunde der frühen Neuzeit, (Dissertation), Stuttgart 1985, S. 256.
35 Betty Dobbs, Les fondements de l'Alchimie de Newton, Paris 1981, zitiert nach Henri Stierlin, Astrologie und Herrschaft, Frankfurt 1988, S. 350.

X. AUSBLICK

1 Carl Gustav Jung, Psychologie und Alchemie, GW 12, Olten 1976, S. 241/242.
2 Carl Gustav Jung, Aion – Beiträge zur Symbolik des Selbst, GW 9/2, Olten 1976, S. 147.
3 Carl Gustav Jung, Briefe I – 1906–1945, Olten 1972, S. 181.
4 Marie-Louise von Franz, Psyche und Materie, Einsiedeln 1988, S. 47.
5 Ebenda.
6 Carl Gustav Jung, Briefe II – 1946–1955, Olten 1972, S. 94.
7 Marie-Louise von Franz, Zahl und Zeit, Frankfurt 1980, S. 204.
8 Ebenda, S. 204 – Hervorhebung durch die Autorin.
9 Ebenda, S. 277 – Hervorhebung durch Th. Schäfer.
10 Ebenda, S. 52.
11 Ernst Anrich, Moderne Physik und Tiefenpsychologie, Stuttgart 1963, S. 142.
12 von Franz, Zahl und Zeit, a. a. O., S. 55.
13 Carl Gustav Jung, Symbole der Wandlung, GW 5, Olten 1988, S. 312.
14 Thomas Schäfer, Archetypen in der Astrologie, *in*: Meridian 5/91 (Teil I), S. 37 ff. und 6/91 (Teil II), S. 37 ff. und Thomas Schäfer, Bildersprache Astrologie, Wettswil 1991.
15 Thomas Schäfer plant die Publikation «Astrologie und Tiefenpsychologie» für das Jahr 1994.

Literaturverzeichnis

ABEGG, Lily: Ostasien denkt anders, Zürich 1949.

ALLEN, Don Cameron: The star-crossed Renaissance, New York 1966.

ANRICH, Ernst: Moderne Physik und Tiefenpsychologie, Stuttgart 1963.

BECKERATH, Erich von: Geheimsprache der Bilder – Die astrologische Lehre und ihre Symbolik in der bildenden Kunst, Wien 1984.

BOLL, Franz: Sphaera, Leipzig 1903.

BOLL, Franz/BEZOLD, Carl: Sternglaube und Sterndeutung – Die Geschichte und das Wesen der Astrologie, Leipzig und Berlin 1919.

BOLL, Franz/BEZOLD, Carl/GUNDEL, Wilhelm: Sternglaube und Sterndeutung – Die Geschichte und das Wesen der Astrologie, mit einem Anhang von Hans Georg Gundel, Darmstadt 1966.

BLUNCK, Jürgen: Götter in Planeten und Monden, Frankfurt 1987.

BRAUNSPERGER, Gustav: Beiträge zur Geschichte der Astrologie der Blütezeit vom 15. bis zum 17. Jahrhundert, München 1928.

BRESSENDORF, Otto von: Bedeutung und Entstehung der Tierkreissymbole, Aalen 1951.

BUBER, Martin: Ekstatische Konfessionen, Jena 1905.

BURCKHARDT, Jacob: Die Kultur der Renaissance in Italien, Stuttgart 1938.

CAMPANELLA, Tommaso: Der Sonnenstaat, in: «Der utopische Staat», Reinbek 1986.

CAMPBELL, Joseph: Der Heros in tausend Gestalten, Frankfurt 1978.

CASSIRER, Ernst: Individuum und Kosmos in der Philosophie der Renaissance, Darmstadt 1969.

CRAMER, Frederik H.: Astrology in Roman Law and Politics, Philadelphia 1954.

DAVIES, Nigel: Die Azteken, Reinbek 1976.

DINZELBACHER, Peter: An der Schwelle zum Jenseits – Sterbevisionen im interkulturellen Vergleich, Freiburg 1989.

DOBBS, Betty: Les fondements de l'Alchemie de Newton, Paris 1981.

DOWSON, John: Hindu Mythology and Religion, Calcutta 1987.

DREWS, Arthur: Astralmythologie, in: «Süddeutsche Monatshefte», 24. Jg., Heft 9, München 1927.

ELIADE, Mircea: Der Mythos der ewigen Wiederkehr, Düsseldorf 1953.

ELIADE, Mircea: Die Religionen und das Heilige – Elemente einer Religionsgeschichte, Frankfurt 1989.

Franz, Marie-Louise von: Psyche und Materie, Einsiedeln 1988.
Franz, Marie-Louise von: Traum und Tod – Was uns die Träume Sterbender sagen, München 1990.
Franz, Marie-Louise von: Zahl und Zeit, Stuttgart 1970.
Friedell, Egon: Kulturgeschichte Ägyptens und des alten Orients, Frankfurt 1989.
Geissler, Horst Wolfram: Astrologie – Geschichte, Entwicklung, Deutung, Zürich 1982.
Glasenapp, Helmuth von: Indische Geisteswelt – Dichtung, Wissenschaft und Staatskunst der Hindus, Bd. I, Baden-Baden 1959.
Glasenapp, Helmuth von: Die Religionen Indiens, Stuttgart 1943.
Graebner, Franz: Alt- und neuweltliche Kalender, in: Zeitschrift für Ethnologie, Berlin 1920/21, Nr. 52, S. 5 ff.
Grimal, Pierre: Mythen der Völker, 2 Bde., Frankfurt 1967.
Groot, J. J. M.: Universismus, Berlin 1918.
Gundel, Horst Georg, Zodiakus – Der Tierkreis in der antiken Literatur und Kunst, in: Pauly's Realencyclopädie der classischen Altertumswissenschaft, Band X A, München 1972.
Gundel, Wilhelm: Sternglaube, Sternreligion und Sternorakel – Aus der Geschichte der Astrologie, Heidelberg 1959.
Gundel, Wilhelm: Der Ursprung der Astrologie, in: Süddeutsche Monatshefte, 24. Jg., Nr. 9, Juni 1927, S. 154 ff.
Gundel, Wilhelm/Gundel, H. G.: Astrologumena – Die astrologische Literatur in der Antike und ihre Geschichte, Beiheft Nr. 6 von Sudhoffs Archiv, Vierteljahresschrift für Geschichte der Medizin und der Naturwissenschaften, der Pharmazie und der Mathematik, Wiesbaden 1966.
Hauber, Anton: Planetenkinderbilder und Sternbilder, Straßburg 1926.
Herrmann, Joachim: Das falsche Weltbild – Astronomie und Aberglaube, München 1973.
Jung, C. G.: Aion – Beiträge zur Symbolik des Selbst, GW 9/2, Olten 1976.
Jung, C. G.: Briefe, 3 Bde., Olten 1972–1973.
Jung, C. G.: Psychologie und Alchemie, GW 12, Olten 1976.
Jung, C. G.: Seminare Traumanalyse – Nach Aufzeichnungen des Seminars 1928–1930, GW-Ergänzungsband, Olten 1991.
Jung, C. G.: Symbole der Wandlung, GW 5, Olten 1988.
Jung, C. G/Kerenyi, Karl: Einführung in das Wesen der Mythologie, Zürich 1951.
Kaletsch, Hans: Tag und Jahr – Die Geschichte unseres Kalenders, Zürich u. Stuttgart 1970.
Kepler, Johannes: Über die zuverlässigeren Grundlagen der Astrologie, Kassel 1975.

KEPLER, Johannes: Warnung an die Gegner der Astrologie – Tertius Interveniens, Reihe: Naturwissenschaftliche Texte bei Kindler, München 1971.
KNAPPICH, Wilhelm: Geschichte der Astrologie, Frankfurt 1967.
LINDSAY, Jack: Origins of Astrology, London 1972.
LURKER, Manfred: Lexikon der Götter und Dämonen, Stuttgart 1989.
MIHIRA, Varaha: Das große Buch der Nativitäten, Hamburg 1925.
MÜLLER-JAHNCKE, Wolf-Dieter: Astrologisch-Magische Theorie und Praxis in der Heilkunde der frühen Neuzeit, Stuttgart 1985.
PARKER, Julia und Derek: Astrologie – Ursprung, Geschichte, Symbolik, München 1988.
PEUCKERT, Will-Erich: Astrologie, Stuttgart 1960.
PTOLEMAEUS, Claudius: Die vier Bücher des Claudius Ptolemaeus, Den Haag o. J.
ROSENBERG, Alfons: Zeichen am Himmel – Das Weltbild der Astrologie, Zürich 1949.
SCHÄFER, Thomas: Archetypen in der Astrologie, in: Meridian – Fachzeitschrift für alle Gebiete der Astrologie, Nr. 5, 1991, S. 37–42 und Nr. 6, 1991, S. 37–41.
SCHÄFER, Thomas: Astrologische Charakterskizzen, München 1988.
SCHÄFER, Thomas: Bildersprache Astrologie, Wettswil 1991.
SCHÄFER, Thomas: Es war einmal ein Stern – Der Tierkreis im Märchen, Münsingen-Bern 1991.
SCHÄFER, Thomas: Mein allerliebstes Haselnüßchen, ich muß dich knacken – Mann und Frau im Märchen, Freiburg 1992.
SCHOTT, Albert/BÖKER, Robert: Aratos – Sternbilder und Wetterzeichen, München 1958.
SCHWABE, Julius: Archetyp und Tierkreis – Grundlagen einer kosmischen Symbolik und Mythologie, Basel 1951.
SEMENTOWSKY-KURILO, Nikolaus von: Der Mensch griff nach den Sternen – Astrologie in der Geschichte des Abendlandes, Zürich u. Stuttgart 1970.
SHULMAN, Sandra: Geschichte der Astrologie – Von der Antike bis zur Gegenwart, Eltville 1976.
STIERLIN, Henri: Astrologie und Herrschaft – Von Platon bis Newton, Frankfurt 1988.
STRAUSS, Heinz-Arthur: Der astrologische Gedanke in der deutschen Vergangenheit, München u. Berlin 1926.
STRAUSS-KLOEBE, Sigrid: Das Kosmisch-Unbewusste in der Persönlichkeit. Geburtskonstellation und Psychodynamik. Zürich 1984.
STRAUSS-KLOEBE, Sigrid/STRAUSS, Heinz-Arthur: Die Astrologie des Johannes Kepler – Eine Auswahl aus seinen Schriften, München u. Berlin 1926.
THORNDIKE, Lynn: A History of magic and experimental Science, 8 Bde., New York u. London 1923–1958.

TROELS-LUND, Frederik: Himmelsbild und Weltanschauung im Wandel der Zeiten, Leipzig 1908.
WAERDEN, Bartel Leenert van der: History of the Zodiac, in: Archiv für Orientforschung, 16. Jg. 1952, Graz, S. 129 ff. und 216 ff.
WEIDNER, Ernst: Handbuch der babylonischen Astronomie, Leipzig 1915.
WEIDNER, Ernst: Der Tierkreis und die Wege am Himmel, in: Archiv für Orientforschung, 7. Jg. 1931, Berlin, S. 170 ff.
WENDORFF, Rudolf: Zeit und Kultur, Opladen 1980.
WIESENDANGER, Harald: Der Streit ums Horoskop, Freiburg 1990.
ZIMMER, Heinrich: Indische Sphären, Berlin 1935.
ZIMMER, Heinrich: Philosophie und Religion Indiens, Frankfurt 1988.